Este

libro pertenece a

...una esposa conforme al corazón de Dios.

Otros libros de Elizabeth George:

Acaba con tus preocupaciones... ¡para siempre!
Ama a Dios con toda tu mente
Biblia de la mujer conforme al corazón de Dios
Colosenses/Filemón: Descubre la gracia de Dios
Cómo criar a una hija conforme al corazón de Dios
Encuentra la senda de Dios en medio de tus problemas
Ester: Descubre cómo ser una mujer bella y fuerte
Filipenses: Experimenta la paz de Dios
Guía de una joven para descubrir su Biblia
Guía de una mujer para las buenas decisiones
Hechos: El poder del Espíritu Santo
Jardín de la gracia de Dios
Jueces/Rut: Cultiva una vida de integridad
Lucas: Vive con pasión y propósito
María: Cultiva un corazón humilde
Momentos de gracia para el corazón de la mujer
Oraciones para el corazón de la mujer
1 Pedro: Cultiva un espíritu afable y apacible
Promesas poderosas para toda pareja
Proverbios 31: Descubre los tesoros de una mujer virtuosa
Proverbios para el corazón de la mujer
Sabiduría de Dios para la vida de la mujer
Santiago: Crece en sabiduría y fe
Sara: Camina en las promesas de Dios
Sigue a Dios con todo tu corazón
Tienes un amigo en Jesús—para chicas
Un minuto con las mujeres de la Biblia
Una esposa conforme al corazón de Dios
Una madre conforme al corazón de Dios
Una mujer conforme al corazón de Jesús
Una mujer que ora por su esposo
Una pareja conforme al corazón de Dios
Vive tu fe

Una Esposa conforme al corazón de Dios

Doce aspectos importantes en tu matrimonio

ELIZABETH
GEORGE

EDITORIAL
PORTAVOZ

La misión de Editorial Portavoz consiste en proporcionar productos de calidad —con integridad y excelencia—, desde una perspectiva bíblica y confiable, que animen a las personas a conocer y servir a Jesucristo.

Título del original: *A Wife After God's Own Heart*, © 2004 por Elizabeth George y publicado por Harvest House Publishers, Eugene, Oregon 97402.

Traducción: Nohra María Bernal de Rodríguez

EDITORIAL PORTAVOZ
2450 Oak Industrial Dr. NE
Grand Rapids, MI 49505 USA

Visítenos en: www.portavoz.com

ISBN 978-0-8254-5708-1

2 3 4 5 edición / año 22

Impreso en los Estados Unidos de América
Printed in the United States of America

A Jim
¡Gracias por ser
un esposo conforme al corazón de Dios
para que yo sea
una esposa conforme al corazón de Dios!

Agradecimientos

Como siempre, gracias a ti mi amado esposo. A Jim George, maestro en divinidad y doctor en ministerio, por tu apoyo acertado, tu guía, tus sugerencias y por alentarme con amor en la realización de este proyecto.

Contenido

Llegar a ser...

una esposa conforme al corazón de Dios

Una esposa conforme al corazón de Dios. ¿Qué esposa no desearía serlo? Y ¿qué esposa no anhelaría tener un matrimonio feliz que le brinde satisfacción y dicha? Si eres como la mayoría de mujeres (¡y como yo!), podrás contar con un poco de ayuda, motivación y sabiduría para mejorar y renovar tu relación matrimonial. Con el objetivo de contribuir al cumplimiento de tus anhelos, he escrito este libro práctico y sencillo por medio del cual comparto mi experiencia de 38 años de matrimonio y lo que he aprendido acerca de cómo edificar un mejor matrimonio, ¡un matrimonio conforme al corazón de Dios! Este libro instructivo y alentador...

...abarca doce aspectos de tu vida como esposa. Lo que la Biblia dice acerca de los aspectos relevantes para la salud y vitalidad de tu matrimonio.

...incluye una lista de "detalles" que transformarán

> *tu matrimonio* al final de cada capítulo. Estos "detalles" están diseñados para animarte y guiarte a desarrollar las múltiples tareas pequeñas que comprende tu rol como esposa.

Acompáñame en este viaje hacia la comprensión y el cumplimiento del plan de Dios para nosotras como esposas. Con el propósito de experimentar un viaje aún más grato, invita a tu esposo a leer el libro acompañante escrito por Jim George y titulado *Un esposo conforme al corazón de Dios.*

Querida amiga, no importa cuál sea tu edad, la situación presente de tu matrimonio o la etapa matrimonial que atravieses junto con tu esposo. *Una esposa conforme al corazón de Dios* es para ti. Presenta los principios eternos de Dios para ti como esposa. Y después de leer el libro, y cada uno de los doce aspectos del matrimonio, ¡comprobarás que la Palabra de Dios funciona!

Así que ¡lee! Examinemos juntas lo que Dios, el Creador del matrimonio, puede enseñarte en cuanto a tu relación matrimonial. Y cuéntale a otras lo que aprendas en este viaje. Algunas opciones que te ofrece este libro son:

...leerlo antes de casarte

...leerlo a solas para mejorar tu matrimonio

...leerlo con tu esposo

...leerlo con una amiga o con un pequeño grupo de lectura

...leerlo en un estudio bíblico para mujeres o parejas

...leerlo en tu clase de escuela dominical para mujeres

...leerlo en tu clase de escuela dominical para parejas

¡Que Dios te bendiga ricamente en tu continuo crecimiento en Él, en tu fe y en tu comprensión de su plan para ti como esposa conforme a su corazón!

1

Crecer en el Señor

Mas buscad primeramente el reino de Dios y su justicia, y todas estas cosas os serán añadidas.
MATEO 6:33

Cada vez que reflexiono en mis primeros treinta años de vida, pienso de inmediato: *¡En ese entonces todo lo hice mal!*

¿Por qué?

Mi querida amiga lectora, la razón es que durante esos años mi vida era un caos. No contaba con directrices para mi vida, o instrucciones para saber cómo vivirla. En ese tiempo yo hacía lo que me placía y como lo quería. En pocas palabras, no tenía entonces una relación con Dios... y es la razón que constituye la base de nuestro libro: Dios como el único camino para transformar tu vida y tu matrimonio.

¿Qué anhelaba yo durante esas tres escabrosas décadas? Anhelaba muchas cosas, y en su mayoría coincidían con lo que muchos desean. Mi lista personal de "deseos" incluía la felicidad, la plenitud, una vida con sentido y trascendencia. No recuerdo haber anhelado fama o riquezas, ni ansiado la eminencia o el poder que corresponde a otros. En realidad deseaba lo que tú también desearías: Una vida que valga la pena vivirse. Soñaba con una vida de alegría y virtud. Y por supuesto, mis sueños abrazaban un matrimonio feliz que me brindara satisfacción y dicha.

Me casé a la edad de veinte años cuando empezaba mi último año de universidad. Jim tenía veintidós y estaba empezando su quinto año en la facultad de química. Juntos experimentamos la agitación, la conmoción y el furor emotivos que suelen acompañar cualquier relación amorosa que apenas florece. No cabe duda de que lo nuestro fue amor a primera vista después que nos cruzamos y sonreímos cada vez que entrábamos y salíamos de clases. Entonces tuvo lugar la "cita a ciegas" en noviembre... una propuesta de matrimonio en el día de San Valentín... y la boda el primero de junio. ¡Qué torbellino de pasión!

Las cosas funcionaron bien durante un tiempo. Y luego... bueno, tanto Jim como yo podríamos decir que tras ocho años el panorama se tornó horriblemente vacío y todo parecía tambalearse, a pesar de que dos hijas habían adornado el hogar de los George.

Entonces ocurrió "el milagro", al convertirnos en una familia cristiana. Por la gracia de Dios nuestros corazones se dispusieron a recibir la verdad de Cristo, y también por su gracia respondimos a esa verdad. Amada amiga, ¡eso lo transformó todo! Desde entonces nada ha sido igual. Antes de ser cristianos, parecíamos una pareja que tiene un lindo auto... pero que no tiene la llave. Éramos incapaces de encender el auto. No podíamos hacerlo funcionar. Ni usarlo. Y tampoco ir a alguna parte.

Amiga, la relación con Dios *es* la llave. Es la llave para todo en la vida, incluso tu matrimonio. De eso se trata este capítulo, de crecer en el Señor. Y eso significa aprender lo que Dios, el Creador de todas las cosas y del matrimonio, tiene para enseñarnos. Como puedes ver, Dios y solo Dios posee el libro de instrucciones para tu matrimonio, y lo ha puesto a tu disposición. Él sabe lo que hará que funcione. Y sus instrucciones divinas están escritas en la Biblia. Estudiaremos lo que Dios nos enseña acerca de nuestro rol como esposas en los capítulos siguientes, pero por el momento veamos por qué es vital para ti como esposa crecer en el Señor.

Primero lo primero

Escogí como versículo lema para este capítulo, el predilecto de muchos cristianos. Se trata de las palabras, ¡y del corazón mismo de Jesús! En esa ocasión las dirigió a sus discípulos y a sus seguidores, y comprenden los asuntos de la vida diaria. Después de decirles que no se afanaran, Jesús les ordenó más bien: "buscad primeramente el reino de Dios y su justicia, y todas estas cosas os serán añadidas" (Mt. 6:33).

Ahora, ¿qué tiene que ver esta enseñanza de Jesús con

nuestra vida como esposas? Bueno, *todo* cristiano casado o soltero debe poner primero lo primero. *Todo* cristiano debe buscar al Señor primero y por encima de todo. Dios espera que *todo* cristiano crezca. Por ejemplo...

- El apóstol Pedro escribió: "creced en la gracia y el conocimiento de nuestro Señor y Salvador Jesucristo" (2 P. 3:18).

- Asimismo, nos exhortó con estas palabras: "desead, como niños recién nacidos, la leche espiritual no adulterada, para que por ella *crezcáis* para salvación" (1 P. 2:2, cursivas añadidas).

- Y el autor de Hebreos, en el capítulo 5, amonestó a sus lectores con este severo reproche: "Porque debiendo ser ya maestros, después de tanto tiempo, tenéis necesidad de que se os vuelva a enseñar cuáles son los primeros rudimentos de las palabras de Dios; y habéis llegado a ser tales que tenéis necesidad de leche, y no de alimento sólido. Y todo aquel que participa de la leche... es niño" (vv. 12–13). En otras palabras, estos creyentes no habían crecido.

¿Cómo crecemos pues en el Señor? La respuesta es: Poniendo a Dios primero. Así se produce el crecimiento espiritual. Y la manera más conocida de poner a Dios primero es leer su Palabra, la Biblia, y obedecerla. Me agrada pensar en el crecimiento espiritual como un proceso en tres pasos. Al leerlos, ten en cuenta que todos son indispensables para crecer en el Señor. No existen atajos para el crecimiento espiritual.

Paso #1—*Descubre* por medio de la lectura de la Biblia lo que Dios dice de tu vida y la manera como Él desea que vivas. ¿Cómo lograrlo? Escuchando el corazón de Dios que se expresa en su Palabra, leyendo y meditando en las enseñanzas de la Biblia. Asimismo, aprendiendo más acerca de Él y de sus normas para la santidad.

Paso #2—*Discierne* al estudiar la Biblia el significado y las implicaciones de lo que lees. En este punto oras y buscas comprender lo que Dios dice en su Palabra.

Paso #3—*Practica* por medio de una obediencia genuina lo que leíste, aprendiste, descubriste y discerniste. En este paso pones en práctica lo que ya sabes que es la voluntad de Dios para tu vida. Aquí pones tu conocimiento en acción.

¿Cómo está tu corazón?

Ahora déjame hacerte una pregunta: ¿Cómo está tu corazón? ¿Es fuerte en la fe... o débil? ¿Es un corazón apasionado... o quizás ha perdido su fuego? Una mujer, y una esposa conforme al corazón de Dios es alguien que le busca con fuerzas y le sigue de cerca (ver Sal. 63:8). En consecuencia, orar y reconocer áreas débiles o pecaminosas en tu andar con Dios puede conducirte a un mayor crecimien-

> *Dios quiere que desarrollemos músculos espirituales a fin de lograr la fortaleza necesaria para ser el tipo de esposa que Él desea.*

to. Dios quiere que desarrollemos músculos espirituales a fin de fortalecernos lo suficiente para enfrentar los poderes de este mundo y resistir sus presiones. Dios nos manda: "No os conforméis a este siglo, sino transformaos por medio de la renovación de vuestro entendimiento" (Ro. 12:2).

Tengo otra pregunta para ti: ¿Estás satisfecha con tu situación actual, tu madurez espiritual y tu ritmo de crecimiento? Si es así, no crecerás más. Por el contrario, si hay en ti un anhelo santo de crecer en el Señor, de conocerlo de manera más profunda e íntima, de ser una mujer conforme a *su* corazón, de esforzarte por agradarle, de vivir conforme a sus designios, de semejarte más a Cristo e identificar, enfrentar y vencer hábitos o conductas pecaminosas... entonces tu corazón está dispuesto y sensible para crecer en el Señor.

Disponerse para crecer

No dudo que tengas tantas ocupaciones como yo. Para ser sincera, cada mañana que me levanto me pregunto si podré cumplir con todo lo que me he propuesto y si tendré todo el tiempo y las fuerzas que exigen mis responsabilidades en el hogar y la comunidad. Hasta que por fin descubro que soy *yo* quien está al mando de gran parte de mi agenda

> ***La decisión más importante que debes tomar cada día como esposa es darle al Señor el primer lugar.***

diaria, incluso de mi crecimiento espiritual. *Yo* decido si mi relación con el Señor es realmente importante para mí o no. *Yo* decido si me esfuerzo por crecer, o no. *Yo* decido si planeo el tiempo para crecer, encontrarme con Dios a diario, detenerme, meditar, y escucharle a través de la lectura de mi Biblia, o no.

Como puedes ver, querida, nosotras mismas resultamos ser las mejores aliadas, o las peores enemigas en nuestra propia vida, en virtud de las decisiones que tomemos en cuanto a nuestro crecimiento espiritual. Recuerdo que en una ocasión, algunos meses después de mi conversión, le escribí una carta muy entusiasta a Dios acerca de mi vida en ese entonces. Era una especie de pacto con Él para proponerme crecer, un compromiso para crecer en Él. Allí expresaba mis deseos de madurar en mi vida cristiana, así como de honrarle y servirle. También anoté los puntos de mi vida como esposa y madre que sin duda necesitaban mejorar. Y por último, los hábitos que podían catalogarse como "pecaminosos", con el ánimo de acabar con ellos. Escribí mi oración a Dios pidiéndole que por su inmensa gracia me ayudara y me sostuviera en mi deseo profundo de crecer.

Guardé la libreta en la que escribí mi "carta de compromiso" a Dios hace tantos años. Ya ha envejecido (¡casi treinta años!), ¡y le doy gracias a Dios por haberla escrito con tinta y no con lápiz! Ahora quisiera pedirte dos cosas. En primer lugar, ten presente que esta es la sección de *compromiso* de este capítulo. Dicha sección se repite en cada capítulo y nos invita a tomar la decisión de crecer, cambiar, actuar, quitar y poner hábitos y actitudes según la dirección de Dios, de pagar el precio de seguir a Dios, ponerle en el primer lugar sin importar cuánto cueste ni cuánto exija de tu parte. Mi corazón late en este preciso instante en que escribo acerca de la decisión más importante que tú y yo debemos tomar a diario, que es poner primero lo primero y elegir lo que nos permita crecer en el Señor.

Segundo, quiero que anotes tu compromiso personal con Dios en tu propio estilo, en tus propias palabras y lo que nazca de tu corazón. Asume el compromiso y la decisión de convertirte en la mujer y en la esposa que anhelas ser, una mujer conforme al corazón de Dios, que cumpla con su voluntad en todo (Hch. 13:22). ¡Al hacerlo te sentirás dichosa! Y dicho sea de paso, guárdalo en un lugar especial y léelo con frecuencia.

Procurar el crecimiento

El precioso e invaluable crecimiento espiritual requiere el mismo cuidado y esmero que cualquier habilidad o talento. ¿En qué consiste ese cuidado?

El crecimiento espiritual requiere disciplina. Ganar una carrera exige determinación y disciplina. Pablo usa este ejemplo para explicar que

> la vida cristiana demanda un trabajo arduo, la negación de sí mismo y una preparación extenuante. Como cristianos, estamos en una carrera cuya meta es la recompensa celestial. Las disciplinas básicas que son la oración, el estudio de la Biblia y la adoración nos entrenan para correr con vigor y resistencia. No te conformes con observar desde la tribuna. No te limites a correr un par de vueltas cada mañana. Entrénate con diligencia sabiendo que tu progreso espiritual depende de ello.
>
> *El crecimiento espiritual requiere la negación de sí mismo.* A veces debemos renunciar a algo que nos agrada para hacer la voluntad de Dios. El tipo de disciplina y de negación de sí que debe asumir cada persona depende de sus deberes específicos. Sin una meta, la disciplina no es más que un castigo. Con la meta de agradar a Dios, negarnos a nosotras mismas resulta insignificante si lo comparamos con la recompensa eterna e imperecedera que recibiremos.[1]

Querida amiga, no cabe duda de que tus "deberes especiales" como esposa requieren disciplina y la negación de ti misma. Por otro lado, ¿cuál será tu *recompensa* por buscar con diligencia el crecimiento? ¿Qué tal un espíritu afable y apacible, que es de grande estima delante de Dios (1 P. 3:4)? ¿Qué tal honrar a Dios al obedecer su Palabra y su voluntad para la mujer casada (ver Tit. 2:5)?

Cosechar las bendiciones de Dios

¡Ay! Me adelanté a lo que iba a tratar. Esta es la sección que habla de las *bendiciones*, y sin embargo ya mencioné dos verdades del crecimiento espiritual. Sigamos adelante y consideremos otras bendiciones que cosecharás al crecer en el Señor. Si procuras crecer verás que...

Tu comportamiento cambiará. ¿Cómo? Será más semejante al carácter de Cristo. Serás más como Él a medida que la Palabra de Dios y tu andar en obediencia se combinen para conformarse a su imagen (Ro. 8:29). En pocas palabras, tu vida será transformada.

Tu relación con tu esposo cambiará. (Y, dicho sea de paso, ¡lo mismo sucederá con *todas* las demás personas!). Al tiempo que tu comportamiento cambia (para bien, por supuesto), que consolidas buenos hábitos, que atiendes cada vez más a los mandatos divinos y creces en el Señor, serás una mejor esposa. Podrás expresar en mayor medida el amor, la paciencia, la bondad y la benignidad de Dios. Mostrarás un espíritu de mansedumbre y bondad, sin mencionar un mayor autocontrol (Gá. 5:22–23). Por todo esto, ¿sería lógico pensar que estos cambios espirituales transformen y bendigan tu vida y la de otros, y ante todo la relación más íntima que compartes con tu esposo? Así es... ¡y así será!

Pienso en la manera como afectarán dichos cambios la vida de tu amado esposo. Él se sentirá más tranquilo, en vez de esperar la próxima explosión de ira o el próximo ataque.

Se sentirá más a gusto contigo, sabiendo que los dos pueden comunicarse en un ambiente de paz. Te apreciará más como esposa al percibir tu interés genuino y el apoyo a sus iniciativas. Más aún, quizá se muestre dispuesto a hablar contigo y aborde temas de mayor profundidad (como asuntos y retos en su trabajo), en vista de que hay alguien sabio, tierno, sensible y comprensivo que lo escucha y con quien puede contar, así como una esposa que ora por él.

Recibes bendición. Es indiscutible que el crecimiento trae recompensas. Vas a experimentar gratificaciones indescriptibles al ver cuán capaz eres de manejar los retos y las dificultades de la vida, al maravillarte por la paz mental que disfrutarás, al ver que tú (¡maravilla de maravillas!) escuchas tus propias palabras de sabiduría y manifestando ánimo y consuelo a tu amado esposo. Oh, ¡sin duda serás bendecida! Y cuando goces de tantas recompensas y bendiciones solo hay una respuesta posible y una persona a quién agradecer. ¡Vuélvete entonces a *Dios* en gratitud y reconocimiento por su gracia infinita!

Habla el corazón

Durante una velada especial, Jim y yo tuvimos el privilegio de cenar con el fundador de publicaciones *Harvest House*. Este admirable hombre respondió con gran sinceridad nuestros interrogantes e hizo una afirmación que nunca olvidaré. Dijo: "Se necesitan tres palabras para vender un libro: *Fácil, amor* y *hogar*".

Mi amada lectora, mi intención no es vender algo, pero déjame decirte lo que pienso después de releer este primer capítulo. ¡Crecer en el Señor es *fácil*! Nada tiene de nuevo ni revelador. Sí es transformador, pero quizás tú ya conoces estas pautas básicas y fáciles (¡de nuevo esa palabra!) para el crecimiento espiritual. Esto me hace pensar en los libros de cocina que me regalaron en mi boda, cuyas recetas eran básicas y fáciles, así como los primeros pasos e instrucciones culinarias. Tan fácil como fuera posible. ¿No te parece grandioso que Dios nos haya hecho fácil el camino para alcanzar algo tan misterioso y profundo como el crecimiento espiritual? Solo necesitamos conocer la receta básica de Dios para llegar a ser una mujer y una esposa conforme a su corazón... y seguirla al pie de la letra. De esa forma se perfecciona toda "obra maestra". ¡Mi oración es que tú y yo lleguemos a serlo siguiendo con fidelidad estos pocos y sencillos pasos para crecer en el Señor!

Detalles que transforman

1. **Lee tu Biblia a diario.**

   Recuerda que cualquier cosa es mejor que nada, de modo que procura leer tu Biblia por lo menos cinco minutos diarios. Es lo que por lo general se requiere para leer un capítulo bíblico. Debido al tema que trata este libro y en especial al del próximo capítulo, sugiero esta agenda de lectura para tus primeros cinco días:

   Día 1 . . . Génesis 1
   Día 2 . . . Génesis 2
   Día 3 . . . Génesis 3
   Día 4 . . . Efesios 5
   Día 5 . . . Colosenses 3

   Luego, lee el capítulo 4 y termina el libro de Génesis leyendo un día a la vez, un capítulo a la vez.

2. **Ora por tu esposo tres veces al día.**

   Ora antes que él se despierte, al mediodía, y justo antes que él regrese a casa. Parece un ejercicio fácil de practicar a diario durante una semana. ¡Sin duda desearás hacerlo toda la vida!

3. **Planea ir a la iglesia esta semana.**

   No importa si has sido inconstante en tu asistencia a la iglesia, o que no hayas vuelto, o que no sepas dónde ir. El hecho de planear tu asistencia a la iglesia esta semana te pondrá de nuevo sobre la ruta. Anota esta importante "fecha" en tu agenda. En seguida, llama a algunas iglesias locales o amigos para conocer el lugar, la hora exacta de los cultos semanales y cualquier información relacionada con programas para parejas o para tus niños. Luego, en la víspera, alista tu Biblia, planea un desayuno rápido y acuéstate más temprano.

Es importante que hables con tu esposo acerca de tu deseo de asistir a la iglesia. Pregúntale si le gustaría acompañarte e intentarlo. Dile cuánto aprecias su opinión. También cuéntale lo que has averiguado y pregúntale lo que piensa. Si no quiere ir a la iglesia contigo, está bien. Tu misión es mostrarte deseosa, contenta y decidida en cuanto a tu propia decisión de asistir a la iglesia. El trabajo de Dios consiste en obrar en el corazón de tu esposo. Y, por supuesto, ¡también orarás por él!

4. **Inscríbete a un curso o una clase de estudio bíblico.**

   Sé que estás muy ocupada, pero nunca deberás estarlo demasiado para cuidar tu crecimiento espiritual. Este "pequeño" ejercicio podría demandar algunas llamadas telefónicas, pero habrá valido la pena tras experimentar el gozo desbordante de crecer en el Señor. ¡Esa es la esencia de la transformación de tu vida y de tu matrimonio!

5. **Adquiere o pide prestado cualquier libro cristiano.**

    Pídele a tus amigas y a otros cristianos que te recomienden algunos de sus libros predilectos. Es imposible comprar todos los libros, pero puedes hacer una lista que te permita recordar cuáles comprarás en el futuro. Recuerda hacer uso de la biblioteca de tu iglesia. Se sabe que "leer 15 minutos al día hace posible leer 25 libros al año".[2] ¿Podrás "rasguñar" 15 minutos hoy... y cada día? A medida que aprendas de los escritores, los maestros y los eruditos que comparten su conocimiento y su pasión por Dios y su Hijo ¡tú conocimiento también crecerá!

6. **Redacta una carta de compromiso con Dios.**

    En una hoja, escribe tu anhelo de crecer espiritualmente. Solo te tomará unos cinco minutos... ¡pero ese instante podría significar poner en marcha tu propio destino!

2

Trabajar en equipo

Mejores son dos que uno;
porque tienen mejor paga de su trabajo.
ECLESIASTÉS 4:9

Como lo afirmé en el capítulo anterior, mi experiencia consistió en sobrevivir, más que vivir, treinta años sin principios. Luego, siendo una recién convertida y habiendo fracasado tristemente como esposa durante ocho años, anhelaba saber con exactitud lo que Dios había planeado revelarme para conocer, obrar y ser. Ya era una nueva criatura en Cristo y quería descubrir la "nueva" forma, prescrita por Dios, para ser esposa. Así es que ahondé en mi Biblia (¡que también era nueva!) para escudriñar sus enseñanzas acerca de mi papel como esposa. En resumen, esto es lo que descubrí con respecto a los roles del esposo y de la esposa, que juntos forman la combinación perfecta. A medida que avanzas en tu lectura notarás que el plan de Dios es muy sencillo.

La combinación perfecta de Dios

Con el propósito de aprender los principios bíblicos, te exhorto a invitar a Dios a que abra tu corazón a sus instrucciones y a su plan para ti como esposa. Además, persevera en ello con todas tus fuerzas. Me refiero a las leyes sobre las cuales se fundamenta el matrimonio, que nunca han cambiado... y nunca cambiarán. ¡Aquí vamos!

El esposo está llamado a dirigir en su matrimonio y su familia. En los términos más sencillos, cuando Dios creó al primer equipo de esposos, el hombre y la mujer recibieron como pareja este mandato: "Fructificad y multiplicaos; llenad la tierra, y sojuzgadla" (Gn. 1:28). Sin embargo, tras la caída por el pecado, las cosas cambiaron. Dios le dijo entonces a la mujer en Génesis 3:16: "tu deseo será para tu marido, y él se enseñoreará de ti" (o "será tu amo" / "te dominará", NVI).

Más adelante, en el Nuevo Testamento, Dios reitera este principio: "Las casadas estén sujetas a sus propios maridos, como al Señor; porque el marido es cabeza de la mujer... Así que, como la iglesia está sujeta a Cristo, así también las casadas lo estén a sus maridos en todo" (Ef. 5:22–24). También dice: "Casadas, estad sujetas a vuestros maridos, como conviene en el Señor" (Col. 3:18). Esto significa que así como nos sometemos al Señor, debemos estar dispuestas a aceptar el liderazgo de nuestro esposo.

(*Una observación:* ¿No te parece interesante notar que Dios no les ordenó a los esposos liderar? Él se dirigió a las esposas y nos hizo saber que debíamos seguir el liderazgo de nuestro esposo).

El esposo debe trabajar y suplir las necesidades de su esposa. Todo empezó bien en el huerto de Edén, donde el hombre y la mujer habitaban en un ambiente perfecto. Con todo, ¡no debemos olvidar que el final no fue dichoso! Después que la primera pareja desobedeció, Dios le dijo al hombre: "con dolor comerás de ella [la tierra] todos los días de tu vida... Con el sudor de tu rostro comerás el pan (Gn. 3:17,19). Desde que Dios maldijo la tierra por causa de la rebelión de Adán y Eva, los hombres han luchado para sacar de ella su sustento. En otras palabras, los hombres han trabajado toda su vida y han "sudado" para que sus familias puedan comer y subsistir.

El esposo debe amar a su esposa. Este principio se evidencia en diferentes pasajes de las Escrituras. "Maridos, amad a vuestras mujeres, así como Cristo amó a la iglesia, y se entregó a sí mismo por ella" (Ef. 5:25). "Así también los maridos deben amar a sus mujeres como a sus mismos cuerpos. El que ama a su mujer, a sí mismo se ama" (v. 28). "Maridos, amad a vuestras mujeres, y no seáis ásperos con ellas" (Col. 3:19). "Vosotros, maridos... vivid con ellas sabiamente, dando honor a la mujer como a vaso más frágil" (1 P. 3:7).

Estas enseñanzas muestran que un esposo cristiano debe tener el mismo tipo de amor hacia su esposa que Cristo manifestó hacia la iglesia al morir por ella. Un esposo también está llamado a tratar a su esposa con un cuidado tierno y amoroso, que se evidencie hasta en los más pequeños detalles, así como cuida su propio cuerpo. Además, un esposo debe ser amable con su esposa, considerado y sensible a sus necesidades siendo ella "el sexo débil", y desechar toda amargura y hostilidad.

La esposa está llamada a ayudar a su esposo. De hecho, podríamos afirmar que esa es la razón por la cual Dios creó a una mujer para Adán, el primer hombre. Cuando Dios contempló toda la admirable obra de sus manos en el día sexto de la creación, algo hacía falta. La Biblia relata: "Y puso Adán nombre a toda bestia y ave de los cielos y a todo ganado del campo; mas para Adán no se halló ayuda idónea para él" (Gn. 2:20). "Y dijo Jehová Dios: No es bueno que el hombre esté solo; le haré ayuda idónea para él" (v. 18). En otras palabras, el hombre necesitaba a alguien "que compartiera sus responsabilidades, se identificara con él y fuera empática y amorosa, que le colaborara de todo corazón en el cumplimiento del plan de Dios".[1] El resultado fue Eva, la primera mujer y la primera esposa. Ella fue la ayuda que Dios creó para Adán. Ella fue la solución a la necesidad que tenía el hombre de compañía y ayuda. Juntos formarían una unidad completa.

La esposa está llamada a someterse a su esposo. Esto tiene mucho sentido después de aprender que el esposo está llamado a dirigir el matrimonio. Si alguien está llamado a dirigir (tarea que Dios designó al esposo), entonces alguien debe seguirle (para lo cual Dios designó a la esposa). Podríamos repetir un poco lo que Dios ordena: "Casadas, estad sujetas a vuestros maridos... como al Señor... como conviene en el Señor... estén sujetas a sus propios maridos".[2] Esto significa que las esposas deben amoldarse al liderazgo de su esposo y a su estilo de dirección.

La esposa debe respetar a su esposo. Dios enseña: "y la mujer respete a su marido" (Ef. 5:33). Una esposa cristiana debe "reverenciar" y respetar, alabar y honrar a su esposo. Y por último...

La esposa debe amar a su esposo. ¡Aquí es donde empieza la diversión! Las mujeres casadas deben "amar a sus maridos" (Tit. 2:4). En otras palabras, debemos ser afectuosas y tratar a nuestro esposo con amor, gozar de su compañía y estimarlo ¡como al mejor amigo!

¡Qué combinación más perfecta! El esposo dirige, ama, y trabaja duro para proveer, mientras la esposa le sigue, ama, ayuda y valora sus esfuerzos.

Seguir el plan de Dios

¿Sabes cómo algunas mujeres pretenden seguir el plan de Dios? Supervisando a sus esposos. Ellas conocen los deberes que Dios le ha encomendado a su esposo y cómo debería portarse. Saben bien el trato que deberían recibir por parte de él. Y en vez de velar por su propia fidelidad a la tarea que Dios les ha encomendado como esposas, pretenden actuar como el "Espíritu Santo" en la vida de su esposo, señalando sus faltas y defectos. Estas esposas aún pueden adoptar una actitud de "si haces esto... entonces".

En sus corazones (y quizá de manera audible), dicen: "Si él hace esto o aquello, entonces yo haré esto o aquello". Supeditan la obediencia a sus deberes como esposas a lo que hacen sus esposos.

Existen dos razones por las cuales expuse los deberes de ambos esposos en este capítulo. La primera es que tú y yo debemos conocer lo que la Biblia enseña acerca del matrimonio. Y la segunda es que si somos conscientes del papel y de los deberes que corresponden a nuestro esposo, comprenderemos la inmensa carga que reposa sobre sus hombros y podemos llegar a ser una mejor "ayuda". De ninguna manera sugiero aquí que debas supervisar o calificar el desempeño de tu esposo. (Eso no resultaría muy "respetuoso", ¿no es así?) Tampoco sugiero en ningún caso que una mujer posponga su obediencia al claro mandato de Dios para ella como esposa mientras espera que su esposo cambie, madure, tome la iniciativa o se convierta en candidato al premio del "esposo del año". No. Dios es claro con respecto a lo que pide de nosotras.

Así pues, debemos examinar otra vez nuestro corazón. En vez de juzgar a nuestros esposos, evaluemos nuestro propio puntaje como esposas. ¿Qué tal te va en relación con el plan de Dios para la mujer casada? ¿Hay tropiezos en tu matrimonio por no querer obrar como Dios ordena? ¿Hay algún conflicto por no ceñirte a la receta divina para un matrimonio feliz cuyos ingredientes básicos son: Ayuda, sumisión, respeto y amor?

A fin de aplicar con facilidad la enseñanza divina, he resumido estos cuatro elementos bíblicos en frases cortas:

Llena de amor la vida de tu esposo.
Con tu ayuda engrandece su vida.
Sigue su liderazgo con un corazón dispuesto.
Valora a tu esposo con sumo respeto.

Pero ¿qué si...?

En este punto debo hacer una pausa para mencionar dos situaciones que enfrentan muchas esposas (¿tal vez tú, querida?). Casi puedo escucharte preguntar...

"Pero ¿qué pasa si mi esposo no es cristiano?". En resumen, la Palabra de Dios y tus deberes se cumplen también en tu caso. Tu misión de parte de Dios no consiste en cambiar a tu esposo ni salvarlo. Ambos milagros ocurren por una obra sobrenatural y divina que solo Dios puede obrar en su corazón. La tarea que Dios te encomienda es amar, seguir, ayudar y servir a tu esposo inconverso testificando con un estilo de vida semejante al de Cristo. Por otro lado, no puedes esperar que un esposo inconverso se comporte como uno cristiano. Por último, recuerda que Dios puede ayudarte a hacer cualquier cosa... incluso amar a un inconverso.

"Pero ¿qué pasa si estoy casada con un cristiano pasivo? En este caso se trata de un esposo cristiano que no ejerce su liderazgo. Lo que sucede es que sin importar cuál sea tu pregunta, lo que él responde es: "Tú decides", "lo que tú quieras", o "no es mi asunto". Una vez más, tus deberes siguen vigentes en este tipo de matrimonio. Estás llamada a ayudar, seguir, respetar y amar a tu pareja. Es indiscutible que desearás aprender cómo pedir dirección y comentar los asuntos matrimoniales y familiares. También desearás guardar tu corazón libre de amargura y frustración, y tu boca de críticas, desaires y enojo. Dos cosas negativas no harán una positiva. La falta de liderazgo por parte de tu esposo no es excusa para pecar.[3]

> *La tarea que Dios te ha encomendado no es cambiar a tu esposo, sino amarle, seguirle, ayudarle y servirle.*

Siento mucho que el espacio sea tan limitado en este libro para tratar este aspecto tan esencial del matrimonio. De hecho, libros enteros se han escrito acerca de los deberes de las esposas dentro de una gran diversidad de situaciones maritales. Sin embargo, un consejo para cualquier matrimonio de una esposa cristiana se basa en estos principios básicos y sencillos. Así que examina de nuevo tu caso: En tu papel de esposa ¿cómo calificas en los cuatro puntos clave (ayudar, seguir, respetar y amar)? Una esposa conforme al corazón de Dios desea seguir el plan perfecto de Dios… con todo su corazón.

Volver al fundamento

Si te pareces a mí, no importa cuánto tiempo lleves casada ni cuán maravilloso sea tu esposo, sabrás que es posible señalar uno o dos puntos débiles en tu matrimonio. Después de todo, ninguna esposa es perfecta, siempre habrá lugar para ser mejor, y aspectos que puedan incluirse en la lista de "mejoras". Admito que en mi propia vida los cuatro puntos clave parecieran girar en círculos. Justo cuando tengo uno bajo control, aparece una bandera roja que me alerta respecto a otro. Y entonces tengo que detenerme, orar, revisar el programa de acción divino y renovar mi compromiso de cumplir mi parte. ¡Vuelvo al fundamento!

Acabo de darme cuenta de algo. Mientras escribía este capítulo Jim y yo cumplimos 38 años de matrimonio. Descubrí que, al igual que otras esferas de mi vida, nuestro matrimonio ha pasado por varias "etapas". Por ejemplo, pasamos por la etapa de criar a los hijos y todas sus múltiples exigencias y faenas para nosotros como pareja. A veces yo no estaba de acuerdo con la disciplina que empleaba Jim con nuestras hijas. En otras ocasiones pensaba que él debía pasar más tiempo con ellas. También teníamos que decidir cómo, cuándo y dónde tomaríamos vacaciones (¡sin mencionar cómo pagarlas!). En cada etapa a lo largo del camino, tuvimos que pasar por los años preescolares, la primaria, la secundaria, y hacer muchos ajustes, así como detenernos a evaluar nuestra vida. Como puedes ver, aunque yo atravesaba todas esas etapas como madre, también lo hacía como esposa. Jim y yo, como pareja, las atravesamos juntos. Tuvimos que trabajar como un equipo para enfrentar los retos y salir triunfantes.

Entonces llegó la época en que nuestras hijas fueron a estudiar a la universidad, un tiempo en el que iban y venían. Un día nos quedábamos solos... y al día siguiente ellas llegaban con una tropa de amigos. En aquellos días también empezaron a aparecer hombres jóvenes que se integraron al conjunto y cuya presencia significó nuevos retos para nuestro matrimonio y familia. De nuevo, Jim y yo vivimos esos años como padres, pero también como pareja. Eso se tradujo en constantes ajustes a nuestros papeles básicos de líder y seguidor. (Por esta razón el capítulo siguiente que trata la comunicación es tan importante. ¡Gran parte del trabajo en equipo se logra mediante la comunicación!)

Luego, en el tiempo establecido por Dios, nos convertimos en padres de recién casados, una etapa novedosa, extraordinaria y diferente en la que debíamos adaptarnos al nuevo rol de nuestras hijas y acoger a dos maravillosos yernos en el seno familiar. Tuvimos que hacer nuevos ajustes... juntos.

> *Tu compromiso de seguir el plan de Dios transformará la atmósfera de tu hogar y mejorará el clima de tu matrimonio.*

Entonces la vida dio un giro después que Jim dejó de trabajar tiempo completo como profesor de teología para quedarse en casa como escritor. ¿Qué hace una esposa al ver que ya no despedirá más a su esposo que salió a trabajar los últimos 35 años sino que empieza a trabajar con él en casa todo el día? (¡Te sorprendería la cantidad de mujeres que me han solicitado escribir un libro sobre esta "etapa"!). ¿Qué hice? Una vez más me volví al programa inicial, ¡el programa de Dios! Y, bueno, como era de esperarse, este no había cambiado. Mi deber consistía en ayudar, seguir, respetar y amar a mi esposo al entrar en esta etapa del matrimonio que sorpresivamente resultó fabulosa.

Jim y yo hemos atravesado ¡y disfrutado! otras etapas también, como la muerte de nuestros padres y la llegada de los nietos a la familia. Y sé que hay más (¡Dios mediante!) que nos esperan como matrimonio. También sé que las normas, los principios y los preceptos de Dios para mí como esposa jamás cambiarán. Son ellos los que conforman su plan inalterable para mí como esposa, y para ti también.

Grandes transformaciones

Ahora te invito a hacer una pausa, orar y revisar el programa de acción de Dios. Renueva tu compromiso de seguir fielmente su plan respecto a tu papel en el matrimonio. Y recuerda que la meta es trabajar juntos como un equipo, hoy y todos los días de la vida y a lo largo de las diferentes etapas que la acompañan.

Tu compromiso de seguir el plan de Dios para una esposa producirá un cambio sorprendente. ¿Cómo? Transformará la atmósfera del hogar, la comunicación como pareja, tu propio corazón que rebosará de amor por tu esposo, y en tu trato más respetuoso. También mejorará el clima de tu matrimonio, lo cual preparará el camino para una convivencia armónica. ¿Y qué pasará con los hijos? ¡Ellos gozarán la bendición de vivir en un dulce hogar lleno de paz y armonía!

Querida esposa y amiga, si somos fieles en seguir el

plan de Dios para nosotras, las posibilidades que tenemos por delante son grandiosas. La Biblia hace referencia a los siguientes cambios que opera su gracia en la vida de tu esposo, de tu familia y en ti como esposa al seguir fielmente el plan de Dios:

- Santificación del inconverso: El cónyuge inconverso y los hijos de un matrimonio mixto (un creyente y un inconverso) son "santificados". En otras palabras, "el cónyuge cristiano trae gracia que se derrama sobre el otro".[4] Esto significa que tu esposo y tus hijos gozan del privilegio de participar de la protección de Dios y de tu compañía cercana como creyente y miembro de la familia de Dios (1 Co. 7:14).

- Salvación para el inconverso: Lo expuesto en el punto anterior (participar de las bendiciones de Dios gracias a la esposa creyente) puede abrir el camino a la conversión para el cónyuge y para los hijos inconversos.[5] Tu esposo que aún no es salvo puede llegar a la salvación (¡por la gracia de Dios!) al participar de las bendiciones de Dios en tu vida y observar tu conducta que testifica de la llenura del Espíritu Santo (1 Co. 7:14, 16).

- Vida espiritual: Un esposo inconverso podría (¡y solo por la gracia de Dios!) ser "ganado" para Cristo, o un esposo creyente pero sin vida (como el esposo pasivo que ya mencionamos) podría animarse a crecer espiritualmente como resultado de tu conducta piadosa (1 P. 3:1–2).

Quisiera reiterar que las posibilidades son grandiosas... ¡y las bendiciones eternas e infinitas! ¿Qué razón tendríamos para no disponernos hoy a ser esposas conforme al corazón de Dios?

"Mejores son dos que uno"

Mi confianza y mi oración son que ya empieces a gustar y comprender la magnitud y la belleza de ser una esposa conforme al corazón de Dios. ¡Qué bendiciones gloriosas! Me fascina el versículo que cité al principio de este capítulo acerca del trabajo en equipo. De hecho, hay dos versículos que van juntos:

Mejores son dos que uno;
porque tienen mejor paga de su trabajo.
Porque si cayeren, el uno levantará a su compañero;
pero ¡ay del solo! que cuando cayere,
no habrá segundo que lo levante.
ECLESIASTÉS 4:9–10

Estos versículos ilustran algunas bendiciones del matrimonio. Es evidente que un "equipo" de dos que hacen bien su trabajo en unidad logrará mucho más. Asimismo, el trabajo se realiza con mayor rapidez y eficiencia. Además, la calidad del trabajo en equipo puede ser superior a los esfuerzos de uno solo. En una pareja se cuenta con alguien que ayuda en los tiempos de dificultad y alguien con quién compartir la dicha. No hay nada comparable a la ayuda, la empatía, el compañerismo, el cuidado y la fortaleza que goza una pareja cuando trabaja como un equipo. En verdad, dos (tu esposo y tú) ¡son mejor que uno!

Habla el corazón

Si eres como la mayoría de las mujeres, imagino que te gusta tomar fotografías para conservar tus preciosos recuerdos y luego ponerlos en un álbum... para verlos una y otra vez. Nunca salgo sin llevar mi cámara fotográfica en el bolso. ¡No quiero perderme una sola oportunidad irrepetible!

Bueno, mi amiga, tuvimos el privilegio de asomarnos al álbum fotográfico de Dios donde encontramos las imágenes de la pareja ganadora. De hecho, la combinación perfecta permanece para siempre como un modelo para aprender e imitar. El esposo dirige, ama y trabaja para proveer, mientras la esposa sigue, ama, ayuda y valora su esfuerzo. ¿Por qué no proponerte seguir el plan de Dios con todo tu corazón, alma, mente y fuerza (¡pues así lo exige!) para llegar a ser una esposa conforme al corazón de Dios?

Detalles que transforman

1. Agradece a tu esposo el hecho de cumplir su papel.

Resalta alguna decisión en especial que tu esposo haya tomado y que involucra el porvenir de ambos. Dale gracias por su trabajo esforzado. En vez de quejarte porque llega tarde a casa, porque trabaja horas adicionales o hace mayores esfuerzos en su trabajo, alaba su diligencia, su deseo de hacer todo con excelencia, y su esfuerzo por suplir tus necesidades y las de la familia. Hazle saber también que aprecias las muchas maneras en que él te ayuda como a "vaso más frágil". Dale gracias por cada intento que realiza para expresarte su amor. Y no te afanes si no lo hace. Solo mantén tus ojos, tus oídos, ¡y tu corazón! atentos para descubrir las formas en que él expresa su amor. Y entonces, ¡no tardes en darle gracias!

2. Pregúntale a tu esposo cómo puedes ayudarle.

Cada día le hago dos preguntas a mi esposo: ¿Qué puedo hacer por ti hoy?, y ¿qué puedo hacer para que aproveches mejor el tiempo hoy? Alístate con papel y lápiz en mano para anotar, una oración de corazón y la disposición para ayudar a tu esposo como él considera que podrías hacerlo mejor.

3. Manifiesta mayor respeto por tu esposo.

Dios quiere que respetes a tu esposo. Entonces piensa en alguna forma en que puedas hacerlo. Y luego procede. Que tu admiración por tu esposo brille tanto que todos se den cuenta, ¡sobre todo él! ¿Lo miras cada vez que te habla? ¿Te abstienes de interrumpirlo? ¿Le pides que haga las cosas en vez de darle órdenes? ¿Tu conversación es cariñosa? ¿Consideras necesario dejar de desairarlo en público? Pienso que no sobra mantener una lista de las muchas formas en que puedes manifestar respeto, solo para recordarlo... en caso de omisión. ¡A veces pasa!

4. **Piensa en alguna actividad en que puedan divertirse juntos esta semana.**

   Más adelante trataremos en un capítulo entero este aspecto del entretenimiento que es tan esencial para un matrimonio feliz (ver capítulo 10). No obstante, por ahora recordemos que tu matrimonio se basó en la amistad, y que ese amor de amigos debe cuidarse, como lo dice Tito 2:4. ¡Sé creativa! Divertirse juntos no tiene que resultar costoso, solo invertir tiempo para pensar en algo, organizarlo y ejecutarlo. ¡Que empiece la diversión!

5. **Ora a fin de seguir el plan de Dios para una esposa.**

   Medita en los cuatro principios divinos para ti como esposa (ver Gn. 2:18, Ef. 5:22, 33, y Tit. 2:4) y ora al respecto. Consagra tiempo para abrir tu corazón delante de Dios. Declara tu compromiso delante de Él y toma la determinación de seguir el plan de Dios en cada aspecto. Entonces busca la manera de ponerlo en práctica a lo largo del día a fin de obedecerle. Y para permanecer en esa búsqueda, ¡ora cada día para ser una esposa conforme al corazón de Dios!

6. **Busca a otra mujer que te ayude como consejera.**

   Busca a una mujer que cumpla bien con su papel como esposa cristiana, una mujer que pueda ayudarte a llegar a ser una mejor compañera para tu esposo. Llámala y pídele una cita. Luego asiste con tus preguntas listas. La sabiduría, el consejo y el apoyo que una mujer más madura espiritualmente puede ofrecerte en el proceso de convertirte en la esposa que Dios quiere no tienen precio.

3

Aprender a comunicarse

La dulzura de labios aumenta el saber.
El corazón del sabio hace prudente su boca,
y añade gracia a sus labios.
PROVERBIOS 16:21,23

Casi toda mujer recién casada regresa a casa de su luna de miel con un brillo en los ojos y sueños en el corazón a la espera de un interminable camino romántico en compañía de su amado. A mí me sucedió. Nuestra luna de miel fue corta. Solo duró dos días porque debíamos trabajar el martes siguiente al fin de semana en que se realizó nuestra boda. Yo pensé ¡no importa, tenemos toda una vida por delante para estar juntos! En verdad parecía como si estuviéramos en el umbral de toda una vida de dicha, amor, emoción y pasión.

No obstante, el primer día en que Jim volvió a trabajar y yo continué mi trabajo en la universidad la vida real comenzó. Yo iba a pie hasta mi trabajo con un horario de nueve a cinco, mientras Jim conducía durante una hora con muchos embotellamientos hasta la ciudad de Oklahoma para trabajar en una farmacia ubicada en un inmenso depósito. Él trabajaba hasta las nueve de la noche y llegaba a casa tras una hora más en el auto. Después de verlo entrar tambaleante y exhausto aquella primera noche, de todas formas pensé que disfrutaríamos nuestra primera cena y noche amorosa en nuestra primera "casa" (aunque vivíamos en un apartamento de una sola habitación). La escena se repitió a lo largo de toda nuestra primera semana que se suponía arrobadora, hasta que llegó el sábado... y Jim salió tambaleante por la puerta a las cuatro de la mañana para viajar a la reunión mensual de la reserva del ejército durante el fin de semana. Al regresar a casa ya tarde el sábado en la noche, se acostó para poder levantarse temprano al día siguiente y retomar su viaje al trabajo por una semana más. Entonces nos dimos cuenta de la necesidad de hacer algunos ajustes.

Toda pareja atraviesa momentos en que se estrella con la realidad y hace ajustes. Y toda pareja debe aprender a comunicarse para que dichos cambios se realicen con calma. Toda pareja necesita hacer ajustes en la comunicación una... y otra... y otra vez, a medida que los asuntos en cuestión y los retos de la vida cambian no solo al pasar los días, sino en el transcurso de un solo día.

Gracias a Dios que su Palabra nos ofrece principios no solo para nuestro matrimonio sino en el tema de la comunicación. La Biblia nos enseña como pareja la mejor manera de hablar y de escuchar en nuestra búsqueda de soluciones al sinnúmero de retos por delante, en medio de emociones diversas, decepciones y malentendidos. ¡Está atenta! La sección que presento a continuación es un salvavidas... ¡y salva matrimonios!

"Como manzana de oro..."

En lenguaje poético el escritor de Proverbios 25:11 describe esta imagen de la buena comunicación:

Manzana de oro con figuras de plata
es la palabra dicha como conviene.

Querida esposa, deberías aspirar a semejante belleza en toda tu comunicación, y muy en especial con la persona más importante y cercana a ti, que es tu esposo. A continuación presento algunas claves que Dios nos enseña para una comunicación grata. Tus palabras deben ser... suaves. "La blanda respuesta quita la ira; mas la palabra áspera hace subir el furor" (Pr. 15:1). Las palabras que elegimos afectan a quien las escucha. Un hablar duro y mordaz acarrea peleas y disputas, en tanto que las palabras suaves y amables traen paz. Esta es otra realidad: "¡la lengua blanda quebranta los huesos!" (Pr. 25:15).

...dulces. "La dulzura de labios aumenta el saber" o la capacidad de influir (Pr. 16:21). ¿Quieres que presten atención a tus palabras? Entonces comprende que "los labios convincentes promueven el saber" y el conocimiento (16:21 NVI).

...apropiadas. "Panal de miel son los dichos suaves; suavidad al alma y medicina para los huesos" (Pr. 16:24).

Las palabras amables y dulces tienen un efecto medicinal tanto en el cuerpo como en el alma.

...pocas. "En las muchas palabras no falta pecado; mas el que refrena sus labios es prudente" (Pr. 10:19). Entre más hables ¡más te arriesgas a pecar! Otra traducción bíblica resulta muy realista y gráfica: "No hables tanto. Cierra la boca. ¡Admítelo y para el torrente!"[1] Alguien lo puso en estos términos: "A veces el mejor uso de la lengua es dejarla quieta".[2]

...lentas. "sea pronto para oír, tardo para hablar, tardo para airarse" (Stg. 1:19). En una frase más corta, que tu objetivo sea "escuchar mucho, hablar poco, y no enojarte". ¿Por qué? "porque la ira del hombre no obra la justicia de Dios" (v. 20). Nada bueno se desprende de la ira pecaminosa.

¿Quieres que tu conversación se asemeje a manzanas de oro con figuras de plata? ¿A una fruta de oro de 14 quilates en una canastilla de plata fina? ¿Invaluable, indescriptible, admirable, exquisita, deseable? Entonces aprende a hablar con sabiduría de lo alto al comunicarte con tu esposo. Que tus palabras sean suaves, dulces, apropiadas, y por todos los medios, pocas.

"Como una gotera continua"

¿Qué ocurre si nuestra comunicación no se ajusta al mandato de Dios? ¿Qué sucede si no prestamos atención al consejo sabio de Dios respecto a nuestra conversación? Proverbios nos ofrece sus acostumbradas ilustraciones detalladas en los versículos siguientes:

> "gotera continua las contiendas de la mujer" (Pr. 19:13).
>
> "Mejor es vivir en un rincón del terrado que con mujer rencillosa en casa espaciosa" (Pr. 21:9).
>
> "Gotera continua en tiempo de lluvia y la mujer rencillosa, son semejantes" (Pr. 27:15).

¡No dudo que ya lo captaste! El mensaje es que una esposa quejumbrosa, malhumorada, regañona, camorrista y agria fastidia a su esposo del mismo modo que una gotera constante desespera y "enloquece". De hecho, según lo declaran esos proverbios, no solo pueden fastidiar al esposo sino alejarlo. Con el propósito de huir al imparable goteo de las palabras agrias y negativas de su esposa, un esposo preferirá vivir en el ático, en el patio, en la azotea, o por qué no en el desierto. Estaría dispuesto a afrontar la intemperie, privarse de la seguridad y la comodidad de su casa, y aun arriesgarse a enfrentar la amenaza de animales salvajes que permanecer un segundo más en presencia de una esposa contenciosa.

Que tu objetivo sea emplear las dulces palabras propias de una esposa conforme al corazón de Dios.

Por esto te exhorto a examinar tus hábitos comunicativos. Pídele a Dios que te muestre si has caído dentro de la categoría "contenciosa"... o si practicas la dulce conversación que caracteriza a una esposa conforme al corazón de Dios. ¿Te preocupas por ti o por tu esposo, por ayudarle, seguirle, respetarle y amarle? ¿Sabes escuchar o te la pasas gimoteando? ¿Tus palabras promueven una atmósfera de tranquilidad, o parecen un torrente de destrucción?

Efectuar una operación radical

Si te disgustan los resultados del examen de tus hábitos y temas de comunicación o el fruto que se desprende de los mismos (y ¡créeme que toda esposa falla en este aspecto!), entonces algo debe cambiar. Debes realizar una operación radical en tu corazón y en tu lengua. No dudo que tu anhelo es expresarte como es propio de una esposa conforme al corazón de Dios, pronunciando palabras agradables a Dios y que te caractericen como una esposa sabia y empática. No dudo que anheles que tu conversación afecte la vida de tu esposo y edifique tu relación matrimonial.

Así pues, para lograrlo sugiero que:

Te presentes delante de Dios en oración. Háblale de tus luchas, decepciones, quejas, amargura, temores y fracasos. Eso fue lo que hizo nuestra querida Ana. Ella era una mujer y una esposa conforme al corazón de Dios. Es un hecho que tenía un matrimonio muy conflictivo y una situación familiar difícil. Para empezar la lista de desgracias, estaba casada con un hombre que tenía dos esposas. Y para completar, Ana no tenía hijos (1 S. 1:2). En cambio, la otra esposa sí. Con todo, las desgracias de Ana no terminaban allí. A la afrenta se sumaron las ofensas, pues la otra esposa "la irritaba, enojándola y entristeciéndola, porque Jehová no le había concedido tener hijos" (v. 6).

¿Cuál fue la solución de Ana? Al analizar la respuesta a esta pregunta, debemos notar que Ana es una de las pocas mujeres de la Biblia de quien no se menciona algo negativo. Según concluimos a partir del texto bíblico, Ana no atacó a su esposo ni a la otra mujer. En vez de eso ¿qué hizo? Ana "con amargura de alma oró a Jehová" (v. 10). En su presencia derramó lágrimas de angustia y en silencio oró ante Dios, implorándole y haciéndole promesas respecto a su desdichada vida familiar (vv. 10–13).

¿Tal vez enfrentas una situación intolerable y sin salida aparente en tu hogar? ¿Una que pone a prueba tu resistencia? Identifícala por su nombre y preséntala al Señor en oración. En su presencia puedes expresar todos tus sentimientos y temores. Puedes confesar la amargura de tu alma. Querida lectora, demos gracias a Dios "Porque no tenemos un sumo sacerdote que no pueda compadecerse de nuestras debilidades, sino uno que fue tentado en todo según nuestra semejanza, pero sin pecado. Acerquémonos, pues, confiadamente al trono de la gracia, para alcanzar misericordia y hallar gracia para el oportuno socorro" (He. 4:15–16). No temamos presentarle nuestros problemas al Señor en oración.

Toma la determinación de "arrancar de raíz" lo malo, al tiempo que derramas tu corazón delante de Dios y confiesas tus faltas en lo que respecta a tus hábitos comunicativos. En seguida, pídele a Dios que te ayude a realizar una "operación radical" en tu forma de hablar. Pídele ayuda para arrancar de raíz los hábitos, las palabras, los gritos y cualquier emoción contraria a los principios de comunicación que además deshonren a Dios y te alejen de su voluntad para el uso de la lengua.

Este principio de emprender una acción drástica se basa en una enseñanza de Jesús según la cual el transgresor de la ley de Dios debía cortarse la mano o sacarse el ojo que lo hicieran pecar (Mt. 5:29–30). Como puedes ver, ¡Jesús ordenaba una operación radical!

Amada, como mujeres conforme al corazón de Dios cuyo anhelo es ser esposas conforme a su corazón, debemos tratar de manera drástica nuestros hábitos pecaminosos al hablar. Son impropios, infructuosos y dañinos. No sirven a la voluntad ni a los propósitos de Dios (Stg. 1:20). Por lo tanto, debemos despojarnos de ellos. En resumen, ¡hay que "cortarlos"!

Te ruego pues que te sometas a Dios. Pídele ayuda para ponerle freno a una lengua destructiva, desenfrenada, agresiva y vil. También otro proverbio dice: "Hay hombres cuyas palabras son como golpes de espada; mas la lengua de los sabios es medicina" (Pr. 12:18). La comunicación con tu esposo (¡y con todas las personas!) mejorará en un cien por cien cuando dejes de esgrimir la espada con palabras ásperas y ponzoñosas.

> *El secreto para expresar lo que quieres decir radica en un hablar sabio y prudente, y la capacidad de persuasión.*

Si quieres ser sabia, recuerda entonces que "En las muchas palabras no falta pecado; mas el que refrena sus labios es prudente" (Pr. 10:19). Un camino seguro para alcanzar sabiduría, y acabar con los malos hábitos, es refrenar tus labios. Solo calla. Inténtalo durante un día. Será difícil, pero resultará el mejor día de tu vida... ¡y también de tu esposo! Será un día marcado por la sabiduría. Y uno de victoria gloriosa, de paz y autocontrol, al punto que desearás marcarlo en tu calendario. Vivirás ese día como una esposa conforme al corazón de Dios.

Entrar en acción

En un capítulo anterior aprendimos que el compañerismo es uno de los privilegios y bendiciones del matrimonio. Salomón lo expresó con las palabras: "Mejores son dos que uno". Es indiscutible que como esposas podemos expresar nuestras inquietudes a nuestro esposo. Sin embargo, un hablar sabio semejante a una "manzana de oro con figuras de plata" y una gran capacidad de persuasión son todo lo que necesitamos para decirlo como corresponde. Si fallamos en aplicar estos principios de la comunicación agradable entonces debemos...

- hacer un alto (quedarnos calladas),
- hacer una pausa (de nuestros antiguos e infructuosos hábitos comunicativos),
- dar un giro (orar y examinar nuestro corazón),
- renovar la mente (tomar la determinación de obrar conforme al plan de Dios), y luego
- actuar.

Eso es lo que he tenido que hacer una y otra vez. Lo recuerdo muy bien. Durante la época en que nuestras hijas eran preescolares, mi amado esposo tenía cuatro (¡sí, cuatro!) empleos. Jim había renunciado a su trabajo de ventas farmacéuticas para responder a su "llamado" al ministerio y volver al estudio en teología. Lo positivo es que este hombre precioso no quiso que yo volviera al trabajo y dejara a dos niñas pequeñas en casa. En ese tiempo no solo deseaba que Jim pudiera pasar más tiempo con nuestras hijas, ¡sino también conmigo!

Al principio reaccioné ante la nueva situación de manera equivocada. Me quejé. Al ver que eso no funcionó, lloré. En vista de que eso no funcionó, grité. Y ya que eso tampoco funcionó, me enfurecí y resentí, sirviéndome de toda clase de desaires. ¡Me comporté como una niña malcriada!

Dios tiene un plan mejor

Entonces empecé a crecer en mi conocimiento de la Biblia. Pronto comprendí mejor el papel de Jim como esposo cristiano (por ejemplo, que uno de sus deberes era proveer para su familia). También comprendí más acerca de mis deberes como esposa cristiana (uno de ellos era ayudar a Jim). Y además descubrí los métodos de comunicación divinos que resultan no solo los mejores sino los más excelentes, y de los cuales hemos hablado en este capítulo. Sabía que el Espíritu redargüía mi corazón para efectuar un cambio. Quisiera darte a conocer lo que hice en mi esfuerzo por aprender a comunicarme como Dios quería. Aprendí a...

...orar. Al primer indicio de frustración o de autocompasión, oraba.

...callar. Siempre que mis emociones llegaban a un límite riesgoso, oraba de nuevo, y en seguida hacía lo necesario para detenerlas quedándome callada.

...esperar. Sabía que Jim estaba cansado y casi en el límite de su resistencia (¡y yo también!) Por la gracia de Dios aprendí a esperar el momento oportuno para hablar. En nuestro caso optamos por acordar una cita semanal en un restaurante de comidas rápidas cercano y con un refresco en la mano, mientras una preciosa vecina cuidaba a Caterine y a Courtney.

...anotar. En mis tiempos de espera, oraba fielmente mientras anotaba todo lo que desde mi perspectiva necesitábamos hablar Jim y yo. Esta lista incluía asuntos como el tipo de disciplina que debíamos emplear con nuestras hijas, decisiones pendientes, asuntos financieros. (¡El capítulo acerca de las finanzas ya se acerca!)

...acordar una cita. Si nuestra cita en aquel restaurante no funcionaba, me acercaba a Jim para programar otro momento en el cual pudiéramos hablar de asuntos apremiantes. Al hacerlo, Jim podía elegir el momento más conveniente para él. A partir de ese momento ambos aguardábamos la hora exacta de nuestro encuentro.

...escribir en detalle. En muchas ocasiones de intensa oración escribía las palabras exactas que quería decir, cómo deseaba "presentar mi caso" y cualquier opción o solución posibles. Aprendí esto de Proverbios 15:28: "El corazón del justo piensa para responder; mas la boca de los impíos derrama malas cosas".

...asumir la culpa. Esta es mi forma de comunicarme con respecto a asuntos serios en un "espíritu afable y apacible" (1 P. 3:4). El principio que extraje de este consejo para las mujeres fue (y lo es aún), que la mansedumbre asume la culpa. Permíteme explicarlo. Con este lema en mente, le diría a mi esposo: "No comprendo muy bien esto"... o "no entiendo cómo aquello podría funcionar"... o "me cuesta trabajo aceptar ese cambio, ¿podrías ayudarme... o explicarme por favor?". Si no pensara así, diría sin tino algo que sonaría adverso y acusador, como: "¿Por qué siempre...?", "tu idea es tonta", o "¿cómo es posible que tú no...?". ¿Notaste la diferencia? Podemos iniciar las frases con el pronombre "yo" o "tú". Es nuestra elección. Y he descubierto que empezar con el pronombre "yo" (por ejemplo, "yo tengo un problema para comprender esto" en vez de "tu idea es tonta"), permite que nuestra comunicación como pareja sea mucho más plácida.

Ahora, ¿qué te parece "aprender" a comunicarte? Sobra decir que estos siete principios (aunque hay muchos más), encaminaron mi vida y mi matrimonio hacia una mejor comunicación y me permitieron gozar de más bendiciones. ¡Lo mismo sucederá contigo!

Habla el corazón

Me fascina la música, las orquestas y los conciertos. Quizá por esto toqué el violín en la orquesta de la escuela secundaria. Me agrada pensar que hice mi parte y mi aporte positivo al conjunto y a la audiencia.

Sin embargo, ¿qué pensarías si el primer día en que tuviera un violín en mis manos lo tomara, corriera al escenario, me sentara en una silla y empezara a tocar con los demás miembros de la orquesta? ¡Qué bullicio hubieras escuchado! ¡Habrías tenido que soportar chirridos, chasquidos, y zumbidos!

Es obvio que aquello no sucedió. Sabemos muy bien lo que demanda participar de forma armoniosa en un conjunto, ya sea una orquesta, un coro, una compañía de teatro, un equipo deportivo... o un matrimonio. Exige aprender la técnica correspondiente. ¡Y una práctica continua requiere tiempo!

Si pudiera decirte una sola frase después de leer este importante capítulo sobre las habilidades esenciales de la comunicación con tu pareja, diría esto: No corras a hablar con tu esposo, llegando de improviso con cualquier ocurrencia apresurada a pronunciar palabras duras o imprudentes. Más bien, tómate el tiempo necesario para preparar tu corazón y tus palabras. Pídele a Dios que te ayude a disciplinar tu mente y las palabras que salen de tu boca (ver Sal. 19:14). Que tu aspiración sea comunicarte con tu esposo, bendecirlo, y fomentar la armonía. Procura hacer un excelente trabajo al expresar lo que hay en tu corazón de forma constructiva y con sabiduría de lo alto. Esfuérzate de todas las formas posibles para consagrar tiempo al aprendizaje y la aplicación de las normas divinas para la comunicación. Te sentirás complacida de haberlo hecho. ¡Y te garantizo que tu esposo también!

Detalles que transforman

1. **Sigue los principios de Dios para la buena comunicación.**

   ¿Tus palabras son suaves, dulces, apropiadas, pocas y lentas? Empieza cada día trayendo a tu memoria la necesidad de "desechar" los hábitos comunicativos que no se conforman a las normas divinas, y establecer en su lugar estos cinco elementos para una comunicación íntegra. Pídele a Dios que te guíe cada vez que te comunicas con tu esposo.

2. **Identifica cualquier hábito comunicativo que deba desecharse.**

   Lee el mensaje de Jesús acerca de una "operación radical" escrito en Mateo 5:29–30. Al meditar en tu forma de hablar, identifica lo que debe desecharse y cuándo, ¡sin importar lo que cueste! (recuerda que la obediencia tardía es desobediencia). Al tomar la decisión de "cortarlo", ora fielmente, anótalo en un par de papeles que pongas en tu casa para tenerlo presente, y depende de la poderosa gracia de Dios para lograrlo.

   Aún recuerdo haber practicado este ejercicio (¡y exorcismo!) con respecto a mi hábito de gritar a mis hijas siendo pequeñas, después que el Señor me dio la convicción. Sabía que era perjudicial y destructivo. Y sin embargo lo hacía... hasta que me convencí de la necesidad de una operación radical. Claro que hubo altibajos, ¡y que tomó mucho tiempo! No obstante, progresé día a día, decisión tras decisión, palabra por palabra. Dios me permitió crecer y cambiar hasta el punto de mejorar nuestra vida hogareña y bendecir a mi familia. De nuevo te pregunto, ¿qué debes desechar y cuándo? ¡No importa lo que cueste!

3. Que tu objetivo sea animar a tu esposo.

¿Alguna vez has sufrido las "punzadas" de la lengua afilada de alguien (ver Pr. 12:18)? Y aún peor, ¿alguna vez has causado daños a otra persona con tus palabras (como hice yo al gritar a mis hijas)? Tu objetivo como esposa conforme al corazón de Dios es ayudar, sanar, y servir a tu esposo con tus palabras, no azotarlo ni destrozarlo. O bien tus palabras ásperas podrían semejarse a la estocada de una espada, o irradiar aliento que sane, edifique, anime y dispense gracia a tu esposo (Ef. 4:29).

Palabras

Una palabra impertinente puede avivar la contienda.
Una palabra despiadada puede arruinar una vida.
Una palabra atroz puede abatir y matar.
Una palabra benigna puede allanar el camino.

Una palabra gozosa puede iluminar el
día.
Una palabra oportuna puede aminorar la
carga.
Una palabra amorosa puede bendecir y sanar.

4. No tardes en pedir perdón.

¡Cuanto más pronto pidas perdón por un berrinche, una respuesta negativa, palabras hirientes o actitudes pecaminosas, mejor! Esta es la mejor y más eficaz fórmula para sortear una situación que podría empeorar o generar algún conflicto en tu relación matrimonial, y de ese modo triunfar en una vida agradable a Dios.

He descubierto algunos pormenores acerca de este "detalle". Uno de ellos es que un desacuerdo o discusión entre Jim y yo, siempre estanca todo lo demás hasta que el asunto se arregla. ¡Nada avanza... y no hay energía disponible para avanzar! En vista de lo anterior, ambos hemos aprendido a pedir perdón sin tardar. También he aprendido que si de manera sistemática confieso mi pecado a Dios, es más fácil pedirle perdón a mi esposo porque ya he cultivado con Él el hábito de decir "lo siento".

5. "Di lo que quieres decir, ¡pero dilo con bondad!"

Me gusta este consejo que leí en un libro que compré en un aeropuerto.[4] ¡Punto!

6. Busca agradar a Dios con tus palabras.

El rey David del Antiguo Testamento oró: "Sean gratos los dichos de mi boca... delante de ti, oh Jehová" (Sal. 19:14). Dios es la primera persona a quien debes agradar con tus palabras. Y ese es el anhelo de toda mujer conforme al corazón de Dios.

4

Deleitarse en la intimidad

Por tanto, dejará el hombre a su padre
y a su madre, y se unirá a su mujer,
y serán una sola carne.
GÉNESIS 2:24

Ya que has empezado a crecer en el Señor, a trabajar en equipo con tu esposo y a mejorar tu comunicación, hemos llegado por fin al tema candente de la intimidad en el matrimonio. Y créeme, para tener éxito en el aspecto sexual y afectivo más vale que seamos fuertes en el Señor, que estemos comprometidas en nuestro matrimonio y que seamos capaces de comunicarnos, ¡pues todo esto será indispensable!

Creados para la intimidad

Ya sé que hemos estudiado el relato en que Dios creó a la humanidad, pero veámoslo de nuevo. Dios creó en ese momento a la primera pareja, Adán y Eva. En aquel entonces todo era perfecto. Todo funcionaba bien. En el principio, Adán y Eva gozaban de perfecta intimidad porque el pecado aún no había entrado en la creación magistral de Dios.

¿Cómo era ese matrimonio perfecto? ¿Qué completaba aquella unión sin mancha? En primer lugar, el ambiente que le rodeaba era perfecto (Gn. 1:31). Era el huerto de Edén. Por otro lado, tanto el hombre como la mujer eran perfectos. Dios mismo había formado al hombre del polvo de la tierra y soplado en él aliento de vida (Gn. 2:7). Entonces Dios le trajo una compañera, una pareja, una ayuda, una esposa al hombre, a quien sacó de su propia costilla. La mujer fue creada "del hombre" y "para el hombre" (1 Co. 11:8–9).

¡Qué dicha! Cuando Adán vio a Eva por primera vez, exclamó: "Esto es ahora hueso de mis huesos y carne de mi carne; ésta será llamada Varona, porque del varón fue tomada" (Gn. 2:23). Otra traducción, en un lenguaje encantador y cotidiano, relata que Adán exclamó emocionado: "Esto es ahora hueso de mis huesos y carne de mi carne".[1] ¡Imagina su dicha!

En el ambiente perfecto, esta pareja perfecta gozaba de una existencia perfecta… y de una intimidad perfecta. "Ellos hallaron la dicha absoluta al gozarse en su unión y en su servicio a Dios".[2] La Biblia lo relata de este modo: "Y estaban ambos desnudos, Adán y su mujer, y no se avergonzaban" (Gn. 2:25).

En el relato de la fundación del primer matrimonio, la Palabra de Dios establece un principio para toda pareja casada: "Por tanto, dejará el hombre a su padre y a su madre, y se unirá a su mujer, y serán una sola carne" (v. 24). En otras palabras, el hombre debía "pegarse" y "adherirse" a su esposa.[3] La pareja entablaría una nueva unidad independiente basada en la intimidad.

Entonces… ¿qué sucedió?

Sin embargo, algo perturbó el lugar perfecto, a las personas perfectas, a su matrimonio perfecto y a su perfecta relación con Dios. En una palabra, pecaron. La serpiente tentó a Eva, quien prefirió escuchar a ésta antes que a Dios (Gn 3:1–6). Eva, por su parte, tentó a Adán, quien prefirió escucharla antes que a Dios (Gn. 3:6)… y entonces toda esa perfección se desintegró.

¿Cuáles fueron las consecuencias? Son innumerables, amiga mía. Y sus ramificaciones persisten en todo el mundo hasta hoy. Para nombrar unas pocas:

- el pecado irrumpió en el ambiente perfecto de Dios,
- la pareja dichosa que estaba desnuda y no se avergonzaba (Gn. 2:25) de repente se turbó al percatarse de que "estaban desnudos" (Gn. 3:7),
- por primera vez emplearon ropa, pues "cosieron hojas de higuera, y se hicieron delantales" (v. 7),
- tanto el hombre como su esposa fueron castigados por Dios con severidad (vv. 16–19), y

- Adán y Eva perdieron su hogar al ser expulsados por Dios y enviados lejos del huerto de Edén (vv. 23–24).

Amada mía, nunca ha habido una separación semejante. La entrada del pecado fracturó la intimidad matrimonial de Adán y Eva, y lo mismo ocurre en nuestra vida. La intimidad ha sido una lucha para las parejas desde el día en que Adán y Eva prefirieron escuchar a otros antes que a Dios, y solo a Él.

Reavivar la intimidad

A pesar de lo expuesto, la verdad contenida en una declaración previa nos da esperanza. Al principio de este capítulo mencioné que la Biblia contiene los principios eternos para cada aspecto de la vida, incluso el matrimonio. En su Palabra aprendemos cómo reavivar, reedificar y redescubrir la intimidad. Dios nos enseña cómo vencer el pecado y la tensión que ahora existe en toda relación humana como resultado de "la caída", incluso en una pareja casada.

¿Cuáles son las instrucciones específicas de Dios para una esposa que desea buscar y disfrutar de la intimidad con su esposo? Mi respuesta se basa en el discurso de ceremonia matrimonial que tantas veces escuché en mi antigua iglesia, a cargo del pastor del ministerio para solteros. Él solía leerle a cada pareja de novios los pasajes bíblicos relacionados con el matrimonio. Puedo recordarlos todos sin necesidad de revisar mis apuntes. Y lo mejor es que están en la Biblia, lo cual garantiza que funcionan. Ahora, presta atención al por qué y al cómo de la intimidad sexual para el matrimonio.

En primer lugar, fue proclamada por Dios. Él declaró que tú y tu esposo deben dejar a sus padres y unirse como "una sola carne" (Gn. 2:24–25). El plan de Dios es que ustedes dos se unan en matrimonio y en intimidad sexual, a fin de llegar a ser uno solo, un ser completo en el otro.

Segundo, la procreación. Dios desea que la unidad formada entre un esposo y su esposa mediante la intimidad sexual produzca otra generación, una descendencia que perpetúe el designio divino de multiplicarse y llenar la tierra (Gn. 1:27–28).

Tercero, el placer. La intimidad sexual también fue diseñada por Dios como fuente de placer para los esposos (Pr. 5:15–19). Dicho placer se disfruta en la medida en que cada cónyuge decide servir, y no negarse al otro (1 Co. 7:5).

Cuarto, la pureza. El sexo dentro del matrimonio es puro (He. 13:4) y proporciona resistencia contra la tentación sexual. De ese modo, promueve la pureza de ambos cónyuges (1 Co. 7:2).

Quinto, el compañerismo. Cada cónyuge recibe de Dios el mandato de suplir las necesidades físicas del otro y de velar también por la satisfacción de las suyas (1 Co. 7:3–4).

Sexto, la protección. El sexo en el matrimonio constituye una defensa contra la lujuria, la tentación y las artimañas seductoras y profanas de Satanás (1 Co. 7:5).

Querida esposa y lectora, ¡Dios ha hablado! Este es su plan para la intimidad sexual con tu esposo. Ahora, tu papel como esposa conforme a su corazón es pensar y ver el sexo desde su perspectiva divina, y poner en práctica su Palabra y su designio.

Entrégate por completo

Como puedes ver, el placer sexual en el matrimonio es la voluntad de Dios, es su plan, y su don para la pareja. Por consiguiente, debes tomar la determinación de entregarte en la intimidad sin reservas. No será tarea fácil, pues lo que fluía con naturalidad y armonía en la creación ahora demanda esfuerzo. Sin embargo, hay bendiciones en abundancia para quien anda en pos de un corazón como el de Dios, que acude a Él y se esfuerza. A continuación, presento algunas de mis recomendaciones para lograr deleitarse en la intimidad. Se basan en la Palabra de Dios, en mi propia experiencia de "darlo todo", y en la práctica a través de las diversas etapas de mi matrimonio con Jim. Pronto notarás que tres de las cuatro recomendaciones tienen que ver con la mente. Alcanzaremos un

> *El mayor progreso y victoria en la intimidad se logran en la medida en que tú elijas ver, considerar y pensar acerca de la sexualidad desde la perspectiva de Dios.*

mayor progreso y victoria si decidimos ver, comprender y pensar acerca del sexo como Dios lo hace. (Recuerda que en ese preciso punto Adán y Eva se desviaron, dejando de escuchar a Dios y prefiriendo atender a otros.)

- Desecha la timidez y la vergüenza en lo concerniente al sexo con tu esposo. En vez de centrarte en ti misma (cómo luce o no tu cuerpo, cómo te gustaría que se viera o cómo piensas que debería verse), piensa más bien en el plan perfecto de Dios: "estaban ambos desnudos… y no se avergonzaban", y los dos llegaron a ser "una sola carne" (Gn. 2:24–25). Asimismo, piensa en tu esposo y en el deleite que experimenta él contemplándolo (ver Pr. 5:19). Después de todo, ¡tu cuerpo es el único que le es lícito contemplar! Así que no te cohíbas. Ora… ¡y lánzate! ¡Entrégate por completo! Entrega tu ser, tu amor, y tu cuerpo a tu esposo según el designio ordenado y aprobado por Dios.

- Recuerda que la Palabra de Dios dice: "Honroso sea en todos el matrimonio, y el lecho sin mancilla" (He. 13:4). En otras palabras, el sexo en el matrimonio es puro. El sexo no es sucio ni inmoral si lo disfrutas con tu esposo. Y de nuevo ¡ora! Pídele a Dios que disipe cualquier pensamiento contrario a sus enseñanzas con respecto al derecho, el privilegio y el deleite que Él ordenó para el sexo entre tú y tu esposo.

- Accede a deleitarte en dar y recibir placer durante la relación sexual. Deleitarse en la intimidad no solo está bien, sino que es la voluntad de Dios. El sexo, y el placer sexual hacen parte del plan perfecto de Dios para el vínculo matrimonial. El esposo descrito en Proverbios 5:15–19 se sentía saciado, colmado, satisfecho, y casi intoxicado y ebrio por la felicidad sexual y el afecto que le brindaba su esposa. Vemos también que Isaac y Rebeca disfrutaban de algún grado de excitación sexual como pareja cuando Abimelec, que era un rey pagano, "mirando por una ventana, vio a Isaac que acariciaba a Rebeca su mujer. Y llamó Abimelec a Isaac, y dijo: He aquí ella es de cierto tu mujer" (Gn. 26:8–9). En otras palabras, el rey observó caricias que son propias de la intimidad conyugal.

- No te niegues a tu esposo. La Biblia lo dice en estos términos: "El marido cumpla con la mujer el deber conyugal, y asimismo la mujer con el marido. La mujer no tiene potestad [o derecho absoluto] sobre su propio cuerpo, sino el marido; ni tampoco tiene el marido potestad [o derecho absoluto] sobre su propio cuerpo, sino la mujer. No os neguéis el uno al otro, a no ser por algún tiempo de mutuo consentimiento, para ocuparos sosegadamente en la oración; y volved a juntaros en uno, para que no os tiente Satanás a causa de vuestra incontinencia" (1 Co. 7:3–5). En términos escuetos, tanto el esposo como la esposa deben cumplir con su deber conyugal para satisfacer las necesidades sexuales del otro, que son propias y naturales. A ambos se les ordena no negarse al otro sexualmente, a menos que sea...

...de común acuerdo,
...por un tiempo,
...con un propósito, y
...con miras a reunirse pronto.

Hacia el cambio

A estas alturas espero que hayas comprendido a partir de las Escrituras la gran estima y dignidad que Dios le ha otorgado a la intimidad sexual en el matrimonio. Mi oración es que los versículos que estudiamos hayan tocado tu vida, tu corazón y tu matrimonio. Como mujer casada, estás llamada a entregarte por completo en el aspecto sexual de tu matrimonio. Y debes hacerlo con libertad, con gozo, con sinceridad, de manera frecuente y sin vergüenza. Asimismo, debes proponerte no negarle este don precioso ¡y este derecho!, a tu esposo.

> *En el aspecto sexual de tu matrimonio debes entregarte por completo... de manera libre, sincera, gozosa, frecuente y desprovista de vergüenza.*

¿Necesitas un cambio en

tu actitud y en la disposición de tu corazón? Si es así, ¿cómo puedes empezar a superar cualquier problema? ¿Cómo puedes cambiar tu manera de pensar y tu actitud, enriquecer tu vida sexual, y mejorar tu matrimonio? Al final del capítulo presentaré diversos "detalles" que puedes practicar. Por ahora, concéntrate en estos dos "asuntos grandes".

El primero, por supuesto, es la oración. Habla con Dios acerca de este aspecto vital y fundamental de tu matrimonio. Él nos ha revelado su plan, y nuestro deber como esposas es darle gracias por ello. Ya que procede del corazón y de la mente de Dios, podemos afirmar que es bueno, perfecto y agradable. En oración, ponte de acuerdo con Dios en que el sexo con tu esposo es bueno, que tiene su sello de aprobación, que constituye uno de los derechos de tu esposo y un privilegio del matrimonio, y que se conforma a la voluntad divina. Además, en oración, confiesa cualquier timidez o egoísmo que haya en ti. Con todos los demás hombres debes comportarte de manera reservada y distante, pero no con tu esposo. Por último, ora declarando un compromiso a creer lo que la Biblia dice, a aferrarte a ella, recordarla y seguirla. Si somos esposas conforme al corazón de Dios no vamos a escuchar lo que el mundo dice. De ningún modo. Vamos a escuchar a Dios.

El segundo "asunto grande", consiste en hablar con tu esposo acerca de su vida sexual conyugal. Ora antes de hablar. Ora para expresarte de manera apropiada (¡acuérdate de las normas divinas para la buena comunicación!). Ora con el fin de elegir el momento más oportuno para conversar. También ora porque tu esposo esté dispuesto a escuchar. Tu objetivo es expresarle a tu preciado esposo que deseas convertirte en una mejor compañera sexual, y que estás dispuesta a esforzarte para que todo mejore. (No olvides que Dios te ayudará a escoger tus palabras). Si tu esposo es cristiano, pídele que ore por ti y contigo, que te anime y que hable con franqueza. Si tu esposo no es cristiano, sigue adelante y pídele que te anime y que se comunique con sinceridad.

Confiar en Dios

Querida esposa, solo Dios sabe cómo y de cuántas maneras te bendecirá por tu obediencia sincera en este aspecto crucial y fundamental de tu matrimonio. Tendrás que confiar en Él. Sin embargo, puedes estar segura de que recibirás bendición. ¡Cuenta con ello! A medida que te dispongas a cambiar en respuesta a la Palabra de Dios, confiarás más en Él. Para muchas mujeres (¿quizá para ti?) este es un paso de fe gigantesco. No obstante, Dios pide la obediencia de sus hijos, y se complace en ella. Quisiera reiterar que ¡serás bendecida! ¿No crees que una bendición para ti sería saber que hay bendición para tu esposo? Ambos son coherederos "de la gracia de la vida" (1 P. 3:7). Esta asociación poco tiene que ver con el cristianismo, pero mucho con el matrimonio, dado que el matrimonio es "la mejor relación que la vida terrenal puede ofrecer".[4]

Habla el corazón

Cuánto desearía poder verte y hablar contigo en persona. Cuánto me gustaría saber en qué aspecto necesitas ánimo. En vista de que no es posible, dejaré que mi corazón hable con base en las cartas que recibo y en las preocupaciones que muchas mujeres me han manifestado. ¿Cuáles fueron sus motivos de consulta? Las últimas tres mujeres que buscaban ayuda y consejo tenían la fortuna de contar con esposos que hablaban con sinceridad acerca de tentaciones sexuales, molestias, irritabilidad y frustración sexual. En todos los casos, el deseo de sus esposos era compartir la intimidad sexual con mayor frecuencia. A medida que las escuchaba y comprendía, que oraba y buscaba palabras de aliento, exhortación y ánimo para estas amadas hermanas en Cristo, los pasajes bíblicos que estudiamos en este capítulo vinieron a mi mente y luego a mis labios.

Soy consciente de que hay situaciones distintas y a veces complejas en la vida conyugal de cada mujer. También admito que existen problemas, y que hay esposos problemáticos. Le doy gracias a Dios porque existen pastores, consejeros y mujeres mayores que con sabiduría pueden ayudarnos a aplicar los principios de Dios en nuestra situación específica. Quizá tú seas una esposa que necesite exponer su situación a alguna de estas personas sabias. Si es así, te animo a hacerlo. Por otro lado, existen muchos libros que tratan situaciones muy diversas. Te aconsejo leerlos. Sin embargo, al mismo tiempo, y en realidad de continuo, tienes a tu disposición la Palabra de Dios como guía. Si tienes dudas ¡revísala! Puedes preguntarte: "¿Qué desea enseñarme Dios sobre la intimidad sexual, y cómo puedo avanzar en la aplicación de sus pautas para mi matrimonio?". ¡Recibirás ayuda y bendición cada vez que practicas su verdad y sigues sus instrucciones! Como ya lo afirmé, ¡funcionan!

Detalles que transforman

1. ¡Toma tu agenda y programa los encuentros sexuales!

¿Cómo te suena mi propuesta? ¿Fría? ¿Sosa? ¿Aburrida? ¿Poco romántica? Lo cierto es que hablar abiertamente con tu esposo y trazar un plan juntos podría cambiar por completo su vida sexual. La intimidad no sucede por accidente, y lo sabes. Por lo tanto, debes planearlo para asegurarte que puedan disfrutarla con tu esposo. El hecho de hablar con tu esposo sirviéndote de una agenda, también le da a él la oportunidad de manifestar la frecuencia con que desearía compartir la intimidad conyugal. Cabe agregar que según los hechos registrados por un consejero matrimonial, todos los esposos respondieron que la necesidad número uno era la "satisfacción sexual",[5] después de pedirles que enumeraran las "cinco primeras necesidades básicas". Por otra parte, considera que frente a la misma información solicitada, ¡las esposas ni siquiera mencionaron el sexo en su lista!

2. Habla acerca del sexo con tu esposo.

Acabamos de consagrar un capítulo al tema de la comunicación, y este es un aspecto primordial en el cual puedes poner por obra todos esos principios, ¡y empezar a hablar! Si ambos pueden conversar de manera agradable, seria, amorosa, tierna y precisa, entonces podrán moverse juntos hacia un mayor deleite en la intimidad. Después de todo, ¡desearán disfrutarla por mucho tiempo! Dos consejeros refirieron los siguientes hallazgos alentadores: "En nuestra última encuesta nacional enfocada a los matrimonios duraderos, hemos descubierto que la satisfacción sexual en vez de disminuir, en realidad aumenta en las parejas que han estado casadas por más de treinta años".[6]

3. **Dedica tiempo a los preparativos para el encuentro íntimo.**

   Al igual que una buena comida requiere tiempo para su preparación, el tiempo de intimidad juntos también. Piénsalo... disfrutar de una comida plena precisa planear un menú, buscar las recetas adecuadas, hacer la lista de ingredientes, ir a la tienda para comprar lo necesario, pagarlo, invertir tiempo cocinando, arreglando la mesa y cada detalle en la casa, y luego tiempo para servir, compartir y saborear. Lo mismo es cierto respecto al tiempo romántico con tu esposo. Es necesario planear un tiempo para pensar, orar, prepararlo todo, ir a un almacén a comprar vestuario especial, disponer el escenario y el ánimo, deleitarse sin prisa. ¡Vaya! ¡Qué "fiesta" será! ¡Qué esposo tan afortunado! ¡Qué afortunada tú!

4. **Procuren acostarse a la misma hora.**

   ¡Cuán importante es este "detalle" en el aspecto sexual! Claro, hay ocasiones y profesiones que le exigen al esposo acostarse antes que su esposa, pero en muchos matrimonios no es el caso. La esposa simplemente decide acostarse más tarde. Al respecto, te hago esta pregunta: ¿Cómo puedes disfrutar de caricias, estar libre para un encuentro sexual, sin mencionar una buena noche de descanso para ti si no te acuestas al tiempo con tu esposo?

5. Renuncia a la excusa de "¡estoy demasiado cansada!".

¿Qué mujer no lo está? (¡No puedo evitar reírme al hablar de cansancio!). Con todo, tú eres una mujer inteligente. Sabes cómo manejar el hogar, criar a los hijos, tal vez educarlos en casa, o destacarte en tu trabajo. Entonces resulta fácil para ti identificar lo que puede posponerse o descartarse en tu agenda para evitar el cansancio excesivo en un aspecto tan esencial como tu vida sexual. Tu labor consiste en identificar a los factores que roban tu descanso y hacer los ajustes necesarios para que no te sientas demasiado cansada a la hora de disfrutar la intimidad sexual con tu esposo, ¡además de mejorar tu salud y tu bienestar! (P.D.— No sería mala idea contar aquí con la opinión de tu esposito).

6. Cuida de ti misma.

Hay muchos secretos sencillos para lucir más atractiva para tu esposo. Un buen arreglo personal solo requiere pocos minutos. ¿Por qué no tomar un buen baño, arreglarte, vestirte y maquillarte un poco? ¡También un poco de ejercicio hace maravillas! Una caminata de 20 minutos, cinco días a la semana, tonificará tu cuerpo y te ayudará a perder 6 kilos en un año sin hacer un solo cambio en tu dieta. Además, perder un poco de peso no cae nada mal en el aspecto sexual. Toda mujer aumenta algunos kilos mientras se hace cargo de la cocina, la crianza de los hijos y centra su vida en el hogar. Si este es tu caso, bajar de peso te dará energía y renovará el aspecto sexual en tu vida.

7. Planeen un corto viaje juntos.

Una buena escapada, como solía hacerse en el pasado, puede renovar tu matrimonio y darles tiempo para disfrutar de una mayor intimidad, conversar, soñar, planear ¡y divertirse! Los hijos son una bendición, pero una vez que empiezan a llegar, el tiempo a solas juntos debe planearse. Con planeación, oración y preparación, pueden escaparse por 24 horas sin gastar mucho dinero.

5

Administrar tu dinero

Mujer virtuosa, ¿quién la hallará?
Porque su estima sobrepasa largamente a la de las piedras preciosas. El corazón de su marido está en ella confiado, Y no carecerá de ganancias.
PROVERBIOS 31:10–11

Hace poco mi esposo Jim me comentó acerca de unas estadísticas asombrosas que ponían en evidencia la importancia del buen manejo del dinero en el matrimonio. Dicho estudio afirmaba que casi el 90 por ciento de todas las disputas matrimoniales tenían que ver con la economía.

Poco después que Jim me contara eso, vi un anuncio publicitario en la televisión que aludía a lo mismo de manera jocosa. El escenario era la sala de partos de un hospital, donde una mujer experimentaba dolores para dar a luz. A medida que el trabajo de parto avanzaba para la futura madre, más se le aplicaban medicinas y procedimientos para facilitar el nacimiento. El ansioso esposo estaba cerca retorciéndose las manos. Entonces le dijo al médico algo así como: "¿Me permite ayudarle? ¿En realidad necesita todas esas enfermeras?". Al anestesiólogo le preguntó: "¿Está seguro de que necesita una epidural?" Y a su esposa le dijo: "Querida, ya han pasado 36 horas. ¿Podrías apresurarte por favor?"

En ese momento se escuchó el mensaje comercial y descubrí que era la propaganda de un seguro médico, cuyo tema central era el dinero. Como puedes ver, el dinero afecta en gran medida a cada pareja en las distintas etapas, ¡hasta el punto de resultar funesto en medio de la dicha que trae acoger a un bebé en el seno familiar!

El dinero es importante para Dios

Al iniciar este capítulo tan importante quisiera resaltar el orden particular en que he tratado los asuntos de la vida matrimonial. Primero, vimos que para una esposa conforme al corazón de Dios, cada faceta de su vida empieza con una fuerte relación y un compromiso con Dios. Luego estudiamos cómo conocer y practicar las funciones que la Palabra de Dios nos ha señalado como esposas para hacer nuestra parte en el equipo conyugal. En seguida hablé de la comunicación porque en la vida de pareja todo debe hablarse a fin de tomar decisiones y establecer principios. Por último, tratamos el tema de la intimidad como una llave para un matrimonio feliz.

Ahora, considero indispensable tratar el tema económico. ¿Por qué? Porque aun antes de tener un techo bajo el cual vivir y que los hijos lleguen al seno familiar, la pareja debe afrontar el tema económico. Aun antes de la boda, el dinero constituye una preocupación importante, pues la pareja lucha con interrogantes como: "¿Podremos salir adelante en lo económico?" y "¿cómo pagaremos la boda?".

El dinero no solo es importante para una pareja que pronto va a casarse, para un matrimonio o para una familia madura (en la jubilación y en el ocaso de la vida), sino también para Dios. Veamos paso a paso lo que nos enseña en su Palabra acerca de este aspecto de la vida matrimonial.

> *"Las riquezas de vanidad disminuirán; pero el que recoge con mano laboriosa las aumenta".*

En primer lugar, debemos ganar el dinero. Hacerlo demanda un trabajo esforzado. ¿Recuerdas las funciones que Dios le asignó al esposo en Génesis 3:17–19? Dios le dijo a Adán que debía comer y trabajar "con dolor" y "con el sudor… [del] rostro". Sé que en muchos matrimonios la esposa también aporta al ingreso familiar. Sin embargo, aquí hago referencia al hecho de que ese dinero debe ganarse con empeño mediante un trabajo intenso y recio, y no por medio del robo, el engaño, la mentira, la mendicidad o el fraude.

Observa la ética laboral que señala la Biblia en los siguientes pasajes. Con respecto al dinero obtenido por medios ilícitos, Proverbios 10:2 declara: "Los tesoros de maldad no serán de provecho". Al referirse a la pereza, la mendicidad y la sinvergüencería, Proverbios 10:4 enseña: "La mano negligente empobrece; mas la mano de los diligentes enriquece". Proverbios 13:11 recopila en cierta forma los principios ya citados: "Las riquezas de vanidad disminuirán; pero el que recoge con mano laboriosa las aumenta". Por último, Proverbios 28:19 añade: "El que labra su tierra se saciará de pan; mas el que sigue a los ociosos se llenará de pobreza".

En segundo lugar, debemos compartir las ganancias. Una vez que alguien gana dinero, el siguiente principio divino debe aplicarse de inmediato. Tu dinero viene de Dios (Dt. 8:18) y debe usarse para Él, para sus propósitos, y por el bien de su pueblo. Por lo tanto, los cristianos deben tener por costumbre dar parte de su dinero con un propósito, con generosidad y gozo, y como un sacrificio.[1] Es un hecho que otros aprovecharán tus dádivas, que puedes aligerar sus cargas, y apoyar ministerios. Te animo entonces a imitar la conducta fiel y sabia del ama de casa descrita en Proverbios 31, quien "Alarga su mano al pobre, y extiende sus manos al menesteroso" (v. 20).

¡También considera otra ventaja! No solo las demás personas sacan provecho, sino tú también. El Señor Jesús nos enseñó que en vez de hacer "tesoros en la tierra", debes acumular "tesoros en el cielo", porque "donde esté vuestro tesoro, allí estará también vuestro corazón" (Mt. 6:19–21). Una mujer, y una esposa conforme al corazón de Dios guarda su corazón compartiendo con otros.

En tercer lugar, debemos administrar y ahorrar el dinero. El siguiente paso consiste en manejar el dinero que le pertenece a Dios. Se precisa carácter y formación para aprender a vivir de manera frugal, diligente, cuidadosa y autocontrolada, así como para cultivar el hábito de ahorrar y de estirar el dinero, hacer cuentas y tomar decisiones sabias. Con una supervisión minuciosa de las finanzas, tu hogar (¡y tu matrimonio!) pueden gozar de paz y plenitud. Proverbios hace una promesa al respecto: "Con sabiduría se edificará la casa, y con prudencia se afirmará; y con ciencia se llenarán las cámaras de todo bien preciado y agradable" (Pr. 24:3–4). Recibirás bendición para tu familia, tu carácter y para los proyectos que emprendas, si atiendes a tu llamado como esposa y ama de casa, de administrar y ahorrar el dinero con solicitud y prudencia, por el bien de tu amada familia.

Por último, debemos guardarnos de codiciar el dinero. Como cristianos, debemos guardarnos de la avaricia y del amor al dinero. Debemos ser "ricos en buenas obras, dadivosos, generosos" (1 Ti. 6:18). Así lo expresa Proverbios: "Mejor es lo poco con justicia que la muchedumbre de frutos sin derecho", y "mejor es lo poco con el temor de Jehová, que el gran tesoro donde hay turbación" (Pr. 16:8 y 15:16). Por su parte, el apóstol Pablo nos exhortó a no codiciar, ni buscar enriquecernos, o amar y perseguir el dinero, sino más bien "[huir] de estas cosas, y [seguir] la justicia, la piedad, la fe, el amor, la paciencia, la mansedumbre (1 Ti. 6:11). Querida, un día tus riquezas se acabarán (v. 7). Por consiguiente, entiende que "gran ganancia es la piedad acompañada de contentamiento" (v. 6).

El dinero es importante en el matrimonio

Ya aprendimos más acerca de lo que Dios enseña acerca del dinero, y sabemos que en realidad le pertenece a Él. Además, que como esposas lo administramos en nuestra esfera de acción, y que ya es hora de tomar algunas determinaciones. ¿Estamos dispuestas a seguir el plan perfecto de Dios, o no? ¿Atenderemos a su voluntad y a sus instrucciones, o no? ¿Cómo administraremos con fidelidad el dinero que Él nos ha confiado? ¿Qué deseamos hacer exactamente con él?

He subrayado la forma como administra el dinero la esposa ideal que Dios describe en Proverbios 31:10–31. Todavía recuerdo el gran cambio que operó en mi corazón, en mi hogar, y en mi matrimonio, el estudio de la forma tan increíble como esta mujer ganaba y administraba el dinero para ella y para su familia. A lo largo de los 22 versículos que describen su vida, está presente el tema del dinero y su justa administración. Las cualidades de su carácter brillan a medida que "se ciñe" para trabajar (v. 17), usa su mente para planear y aumentar la riqueza familiar, y fabrica bienes para cambiar y vender con el fin de incrementar las utilidades para su amada familia. Como resultado, glorificó a Dios (v. 30), sirvió al pobre (v. 20), engrandeció a su esposo (v. 23) y fue reconocida por todos como una "mujer virtuosa" (v. 10). "Su estima", a los ojos de su esposo, de sus hijos y de la comunidad "sobrepasa largamente a la de las piedras preciosas" (v. 10).

¡Amiga mía! Es un sueño que tú puedas alcanzar ese ideal (y yo también). Mi anhelo es que seas una buena embajadora del Señor y de su plan perfecto (Tit. 2:5). También quiero que tu vida sea una bendición, primero y ante todo para tu preciado esposo. Anhelo que tu carácter madure, que estés contenta con lo que tienes, que apoyes el trabajo de tu esposo, y que seas un ama de casa diligente que se pone en la brecha para defender la economía familiar y "edificar su casa" (ver Pr. 14:1). Aspiro a que seas una mujer que abunde en toda virtud y fruto del Espíritu Santo (Gá. 5:22–23). Tu cuidado solícito de las ganancias familiares y del lugar donde vives te permitirá lograr esto y mucho más, si miras a nuestro precioso Señor para que Él en su gracia te conceda el poder para hacerlo.

El dinero debería ser importante para ti

Apenas convengas con Dios en la importancia de esforzarte por administrar tu parte de la economía familiar, y de comprometerte con Él para hacerlo mejor con su ayuda, el dinero y su manejo sabio cobrarán mayor importancia para ti. Por consiguiente, te propondrás no dejar de...

- Orar, porque administrar el dinero de Dios no es solo un asunto espiritual que requiere disciplinas espirituales y carácter, sino cuestión de obediencia.
- Dar, porque Dios pide que lo hagas.
- Ahorrar, porque hacerlo dará bienestar a tu familia. Ahorra para la educación de tus hijos y de tus nietos. Además, para tener una casa o muebles. Ahorra para la jubilación. O para un viaje especial,

unas vacaciones, o un viaje misionero. También, para apoyar el ministerio de otros.

- Realizar un presupuesto, porque eso te permitirá trazar el curso de tu estilo de vida.
- Privarte de lo que no es indispensable, porque un sinnúmero de disciplinas espirituales surgen y se fortalecen gracias a ello.
- Estar alerta ante cualquier signo de avaricia, codicia, amargura y envidia.
- Crecer en el contentamiento.

Manejar tu dinero

Ahora que entiendes mejor los principios de Dios y el plan para tu dinero, ¿cómo puedes ponerlos por obra en tu matrimonio? ¿Cómo puedes empezar a manejar tu dinero... y tu corazón? A continuación presento una lista introductoria de "ideas prácticas":

- Entrégale a Dios las primicias de la totalidad de tus ingresos. Eso nos aconseja la Palabra en Proverbios 3:9–10: "Honra a Jehová con tus bienes, y con las primicias de todos tus frutos; y serán llenos tus graneros con abundancia, y tus lagares rebosarán de mosto". Devolverle a Dios parte de lo que Él nos ha dado prepara el camino para una mayor bendición. Te ruego, amiga, que no le des a Dios las sobras. Dale lo primero, y lo mejor.

- ¡Practica las habilidades comunicativas! Habla con tu esposo sobre el tema. Enséñale este libro y explícale lo que estás aprendiendo sobre la administración del dinero. Hazle saber que te gustaría conversar en algún momento. Y por todos los medios, muéstrate amable, paciente, y sabia. En vez de predicarle y sermonearle, pídele su opinión.

- Fíjate algunas metas personales y cúmplelas. Ya sea que tu esposo convenga en hablar del tema económico, cambiar o actuar juntos o no, tú puedes tomar algunas determinaciones personales. Por ejemplo, controlar tus compras, gastar menos, trabajar con un corazón contento, cultivar destrezas como ama de casa, llevar una vida más sencilla, orar más y ser más creativa en tu forma de atender las necesidades de tu familia.

- Adquiere un libro sobre el manejo financiero del hogar. Aprende cómo ser "austera" (en el buen sentido), es decir, cómo ahorrar, disminuir los gastos, y manejar la parte que te corresponde del presupuesto familiar. Esto es un aporte a la economía familiar y de ningún modo usurpa el liderazgo que tu esposo está llamado a ejercer sobre la familia.

Cumplir con tu parte

Mi anhelo y mi oración son que los versículos citados en este capítulo te hayan ayudado a abrir los ojos ¡y el corazón! Hay por lo menos dos maneras en que como esposa

> *Un aporte notable a tu matrimonio es tu manejo diligente, sabio y austero, y la supervisión del presupuesto familiar.*

conforme al corazón de Dios puedes aplicar estos principios bíblicos en tu matrimonio y contribuir a una economía exitosa. En primer lugar, ofreces una ayuda notable a tu esposo con el manejo diligente, sabio y austero, y con tu supervisión del presupuesto familiar. En segundo lugar, respaldar el esfuerzo y el tiempo que tu esposo invierte a fin de proveer para las necesidades familiares (en vez de sermonear, regañar y quejarte porque siempre está trabajando o porque las exigencias laborales lo dejan exhausto).

Quisiera ilustrar esta actitud en el matrimonio con una experiencia de mi hija Courtney. En una ocasión en que Jim y yo la visitamos, Pablo (su esposo) estudiaba en la academia de submarinos del ejército desde las 6 a.m. (antes que los niños se despertaran) hasta las 10 p.m. (después que ya estaban acostados) casi todos los días durante un año. No obstante, contaba con una hora de descanso para almorzar. Sin contar el tiempo para desplazarse a casa y regresar a la academia, Pablo, Courtney y sus dos bebés tenían 40 preciosos e invaluables minutos para compartir juntos cada día a la hora del almuerzo.

Veamos cómo manejó Courtney esta situación. Lo primero y más importante, es que no hubo regaños, sermones ni quejas. Antes bien, Courtney dedicaba cada mañana a preparar una deliciosa comida, disponía y decoraba la mesa con esmero, se aseguraba de tener a los niños descansados, vestidos, y tan encantadores como fuera posible, horneaba galletas y alistaba un termo con café caliente cerca de la puerta. A las 12:10 se escuchaban las vocecitas ansiosas en la puerta para dar la bienvenida a "papá". En un instante los niños estaban instalados en sus sillas, se elevaba una oración a Dios, y todos disfrutaban de una deliciosa comida en una mesa adornada. Al finalizar los 40 minutos, todos se alineaban de nuevo en la puerta para besar a papá y despedirlo, mientras Courtney le pasaba a Pablo el termo y una bolsa con galletas frescas que le ayudarían a pasar la jornada hasta las 10 de la noche.

Querida esposa, ese es un buen ejemplo (¡que deberíamos seguir!) Nuestro llamado consiste en apoyar a nuestro esposo al igual que él nos asiste. Nosotras allanamos el camino, por así decirlo, simplificando su vida con nuestra alegría, nuestro apoyo, ánimo, empeño, y nuestra creatividad y sabiduría al planear. Esa es la tarea que Dios nos ha encomendado. Al igual que la esposa sabia de Proverbios 31:12, debemos darle a nuestro esposo "bien y no mal todos los días de [nuestra] vida". Entonces, a su tiempo, cosecharemos recompensas sin fin. Ya mencioné antes que en un período de nuestro matrimonio con Jim él trabajó casi todo el día y toda la noche en cuatro empleos diferentes a fin de proveer para nuestra familia. De hecho, además de su trabajo en la reserva del ejército durante más de treinta años, tuvo dos empleos (y a veces más).

Nuestra familia cosechó los beneficios del arduo trabajo de Jim en ese entonces, así como en el presente al ver que la hipoteca de nuestra casa ya se canceló, que contamos con los mejores servicios de salud y con un ingreso mensual gracias a sus tres décadas de esfuerzo en múltiples trabajos. Pienso que si mi esposo ha de proveer, mi responsabilidad consiste en simplificar su vida tanto como me sea posible.

¿No te parece?

Habla el corazón

¿Me permites agregar un último principio en esta sección? Querida esposa conforme al corazón de Dios, debemos reconocer que en la economía de Dios hay valores que superan en importancia al dinero.

Entre las cualidades que son mucho más importantes y valiosas que el dinero y las riquezas, están: Tu carácter: "Abominación son a Jehová los perversos de corazón; mas los perfectos de camino le son agradables" (Pr. 11:20), tu reputación: "De más estima es el buen nombre que las muchas riquezas" (Pr. 22:1), la sabiduría: "Las riquezas de los sabios son su corona" (Pr. 14:24) y "mejor es adquirir sabiduría que oro preciado; y adquirir inteligencia vale más que la plata" (Pr. 16:16), y la humildad: "Riquezas, honra y vida son la remuneración de la humildad y del temor de Jehová" (Pr. 22:4).

Y aquí hay otra verdad: Tú, como esposa sabia, ¡vales más para tu esposo que todas las riquezas! "La casa y las riquezas son herencia de los padres; mas de Jehová la mujer prudente" (Pr. 19:14). De hecho, según la Biblia, tú como esposa piadosa, eres la mayor riqueza que él posee. La Biblia declara que gracias al carácter piadoso de una esposa como tú, a tu humildad, a tu sabiduría y tu fidelidad a él, tu esposo "no carecerá de ganancias" (Pr. 31:11). ¿Por qué? Porque la estima de una "mujer virtuosa" como tú "sobrepasa largamente a la de las piedras preciosas" (v. 10).

Detalles que transforman

1. Honra el estilo de liderazgo familiar de tu esposo.

Cada esposo administra las finanzas a su manera. Tu tarea consiste en discernir su disposición respecto al manejo del dinero. ¿Prefiere que hagas las compras en efectivo, con cheque, con una tarjeta débito, o de crédito? Descúbrelo y entonces dale gusto. También cultiva el hábito de consultarle antes de hacer compras o reparaciones. Tus compras, los gastos y los arreglos de la casa no deberían ser un secreto para él, ni parecer una operación encubierta o tomarle por sorpresa. Pregúntale y comunícale tus planes. Ponte de acuerdo con él respecto a regalos de cumpleaños y a otros gastos por adelantado. Examina bien las mejoras o arreglos que te parecen necesarios. Busca siempre la manera de conocer sus deseos, y de honrarlos.

2. Establece un presupuesto.

Es indiscutible que lo más recomendable es realizar el presupuesto juntos. No obstante, si él no parece interesado o está demasiado ocupado para pensar en ello, trabaja en uno de los puntos de la economía familiar que te competen (alimentación, mobiliario, vestuario, regalos). Sigue estos tres pasos con el fin de realizar un presupuesto y llegar a ser una experta en el manejo económico de la parte que te corresponde en el quehacer diario:

- Fija una cantidad razonable para cada categoría
- Registra tus gastos
- Espera a que haya recursos disponibles

3. Ayuda en el manejo financiero.

Busca las múltiples formas en que puedes ayudar a pagar facturas, hacer cuentas, archivar y organizar recibos. Pregúntale a tu esposo cómo puedes ayudarle o aligerar su carga en la economía familiar. ¿Tal vez tener siempre estampillas disponibles? ¿O llevar las facturas a la oficina de correos? ¿O aprender a usar un programa de computadora para registrar los gastos? Hay por lo menos dos actividades que serán de ayuda. Una es mantener al día el talonario de cheques, y la otra consiste en revisar todos los días el saldo bancario.

¿Deseas que mejore la administración del dinero en tu hogar? Entonces consagra un lugar específico a la organización de todas las funciones económicas. No se requiere un espacio grande ni especial. Una pequeña mesa en una esquina será suficiente. Solo asegúrate de tener allí todo lo necesario: bolígrafos, lápices, una buena lámpara, engrapadora, estampillas de correos, libretas, carpeta para archivar las facturas y los recibos, y una copia del presupuesto familiar. Si en realidad tienes muy poco espacio, puedes guardarlo todo en una caja portátil con manija, que puedas llevar a todas partes.

5. Ofrenda para la obra de Dios.

En un prominente artículo escrito para parejas titulado "¿Qué nos acerca a Dios?", se decía que el diezmo y las ofrendas a los pobres y necesitados constituían dos actos que no solo estrechaban la relación de pareja, sino que también los acercaba a Dios.[3] Tú y tu esposo pueden decidir juntos la ofrenda que están dispuestos a dar. Tu iglesia, sin duda, deberá ocupar el primer lugar. Y aparte de eso ¿qué más? Ten en cuenta que ofrendar en tu iglesia y dar a otros forja en ti muchas cualidades maravillosas, así como en tu esposo y tu familia, además de bendecir a muchos.

6. Anota en una lista lo que deseas o necesitas.

Cada vez que surge una necesidad o un deseo, anótalo en una lista actualizada. Luego, examina todas las listas y establece prioridades de acuerdo con el deseo o la urgencia. Asimismo, anota el costo aproximado o el precio de cada artículo. Según el primer numeral de los "detalles que transforman", sería bueno hablar con tu esposo acerca de tu lista. Por último, úsala como una "lista de deseos" para orar.

7. Establece un plan de ahorro.

Aquí también lo ideal es que tú y tu esposo trabajen juntos. Con todo, si no es posible, busca alternativas para contribuir al ahorro familiar. El simple hecho de tener un plan de ahorro te motivará a cortar gastos innecesarios, aprovechar promociones, o cualquier otra medida que te permita reservar dinero para emergencias o para el entretenimiento familiar. A propósito de diversión, considera la opción de tener una alcancía en la que tú y tu esposo depositen cada día las monedas restantes con el propósito de comprar algo o realizar un viaje. Te sorprenderás al ver con cuánta rapidez acumularán ahorros (¡y cuánto se divertirán!)

6

Cuidar el hogar

Con sabiduría se edificará la casa,
y con prudencia se afirmará;
y con ciencia se llenarán las cámaras
de todo bien preciado y agradable
PROVERBIOS 24:3–4

¿Cómo es tu dulce hogar? ¿Qué aire se respira bajo tu techo? Tú y yo sabemos que cuidar la casa puede convertirse en una fuente de conflicto para tu matrimonio.

Una joven amiga me llamó para pedirme consejo. Me explicó que ella y su esposo acababan de estrenar su primera casa, su primer césped… y un nuevo problema. Me preguntó: "Señora George, ¿qué puedo hacer? Mi esposo trabaja muy duro, y cuando llega a casa no tiene más fuerzas ni ganas de cortar el césped. El fin de semana lo único que quiere es descansar. Entretanto, nuestro césped no pare de crecer. Le pregunté si podía cortarlo en su lugar, y me dijo que no, arguyendo que esa tarea le correspondía a él. Le pregunté si podía contratar a un jardinero o a un joven del vecindario para cortarlo, y volvió a contestar que no, que él lo haría. ¿Y sabe qué? Todavía no lo ha hecho. Quiero someterme a mi esposo, pero ¿qué puedo hacer?".

Sentí un profundo respeto por esta querida esposa. Y mi corazón está a su lado. Ella anhelaba honrar a su esposo, concederle sus deseos, ayudarle y amarle. Con todo, un asunto relacionado con la casa se estaba convirtiendo en un verdadero problema. ¿Qué puede hacer una esposa conforme al corazón de Dios para cuidar la casa donde ella y su esposo viven?

La perspectiva divina del hogar

Durante años he estudiado mi Biblia y buscado pasajes relacionados con diversos temas concernientes a mi papel como mujer cristiana, esposa, madre y ama de casa. Dos de esos temas son el "manejo del tiempo" y "el hogar". Un día me gané el premio mayor, ¡un versículo que incluía a los dos! Es un versículo inquietante que habla del rey Ezequías, el decimoquinto rey de Judá. Mientras este hombre yacía enfermo y agonizante, Dios envió al profeta Isaías con estas instrucciones: "Ordena tu casa, porque morirás, y no vivirás" (2 R. 20:1). Conforme a la época de dicho pronunciamiento en la historia de Israel, es probable que Dios le mandara al rey Ezequías no solo atender a los asuntos domésticos y privados, sino también al estado de su reino.

Por mi parte, esta advertencia produjo en mí una profunda convicción que atravesó mi corazón de ama de casa. Yo debía ordenar mi casa, y velar por los asuntos de mi hogar.

¿Sabías que tu casa no solo es importante para ti, para tu esposo e hijos, sino también para Dios? De hecho, Dios tiene mucho que decir acerca de tu hogar, del cuidado y administración de la casa.

Estás llamada a "edificar" tu casa. La esposa sabia lo hace. Dios dice en su Palabra: "La mujer sabia edifica su casa" (Pr. 14:1). Un libro de consulta señala que la combinación única de las palabras "mujer" y "casa", así como la referencia a la "sabiduría" en este versículo, lo ubica dentro de otros cuatro que traducirían "la casa de mamá", un término para hace referencia al hogar. Dicho término "refleja la perspectiva de una mujer, y denota la actividad femenina enfocada en la administración de una casa agraria en el antiguo Israel". Los eruditos afirman además que "la mención de la sabiduría en este versículo sugiere la idea de que la mujer posee destrezas tecnológicas y pericia en los asuntos administrativos de la vida familiar, propios de una mujer distinguida".[1] En pocas palabras, una mujer sabia piensa que el cuidado de su casa es una de sus funciones esenciales y una prioridad en su vida. Además, administra su casa, sus posesiones y su hogar con sabiduría, pericia e inteligencia.

> *Un ama de casa dedicada no pierde de vista la marcha de su casa.*

Ahora bien, permíteme analizar la segunda parte de Proverbios 14:1. En tanto que la mujer sabia se ocupa de edificar su casa, "la necia con sus manos la derriba". Esto significa que mientras la esposa sabia vierte toda su energía para edificar su casa con esmero y aumentar su riqueza, la esposa necia mina su valor debido a su mala administración.[2]

Querida ama de casa, ¿estás edificando tu casa, o derribándola?

Tu deber es velar por tu casa. La esposa ideal que acabamos de mencionar nos dio ejemplo. "Considera los caminos de su casa, y no come el pan de balde" (Pr. 31:27). Así pues, si somos esposas conforme al corazón de Dios, debemos seguir con entusiasmo sus pisadas. Después de todo, su perfil es el de la esposa ideal que Dios nos enseña. Es un ama de casa diligente, cuidadosa, vigorosa, y consagrada que no pierde de vista la marcha de su casa, en lo que se refiere al lugar y a las personas. Quizá nos preguntemos cómo pudo lograrlo. Y Dios nos da la respuesta. Ella "no come el pan de balde". En otras palabras, ella "no se contenta con pasar la vida comiendo y durmiendo… y nunca es perezosa".[3] En su vida no caben las actividades infructíferas y triviales. ¿Por qué? ¡Porque la tarea que Dios le asignó es velar por los asuntos de su casa!

¿Fijas tus ojos en tu hogar?

Y ¿cómo evalúas tus esfuerzos? ¿Se centran en el lugar que habitas?

¿Qué tan vigorosa eres? ¿Qué tal puntúas en el examen de los hábitos de comida y sueño, y la diligencia? ¿Das lo mejor de ti cada instante para edificar tu dulce hogar?

Es tu deber administrar la casa. Esta faceta administrativa de tu labor como ama de casa posee ciertos antecedentes históricos. Como sabrás, el apóstol Pablo no quería que las viudas jóvenes de la iglesia primitiva fueran "ociosas, andando de casa en casa; y no solamente ociosas, sino también chismosas y entremetidas, hablando lo que no debieran". En vez de eso, la voluntad expresa de Pablo es que ellas "se casen, críen hijos, gobiernen su casa" (1 Ti. 5:13–14). De este pasaje podemos extraer varios principios concernientes a las esposas. Primero, es bueno tener un hogar para cuidar. Es indiscutible que Pablo consideraba la administración del hogar como una mejor alternativa a la pereza, la vagancia, los chismes y las habladurías. Y segundo, una esposa debe "gobernar" su casa. Es adecuado cuidar y trabajar para que una casa se convierta en un hogar.

Es tu deber cuidar la casa. Este principio, basado en Tito 2:5, es útil para todas las mujeres casadas que desean obedecer a Dios. El pasaje señala el fundamento del hogar, y les indica a las ancianas de la iglesia que deben invertir su tiempo enseñando a las mujeres jóvenes a ser amas de casa, entre otras ocupaciones. El mensaje para nosotras hoy, como lo fue para las mujeres de la época de Tito, es que debemos invertir nuestro tiempo en el hogar como "guardas de nuestra casa".[4] ¿Cómo podemos lograrlo? Los manuscritos más antiguos nos dan la respuesta:

Debemos ser "trabajadoras en casa", y "activas en los quehaceres del hogar".[5] En otros términos, debemos encargarnos del trabajo que convierte una casa en un hogar.

Para facilitar nuestra comprensión, tres pasajes bíblicos adicionales enseñan el mismo principio. Conocemos bien dos de ellos. Y presta atención, pues enseñan desde una perspectiva negativa al referirse a la mujer que descuida su casa.

- Proverbios 7:11–12. Antes que nada, estos versículos describen a la mujer adúltera. Su conducta es opuesta a la del ama de casa sabia que atiende a su hogar y a sus labores. Esta mujer está "afuera", caminando en las calles, en vez de estar en casa. "Sus pies no pueden estar en casa; unas veces está en la calle, otras veces en las plazas, acechando por todas las esquinas".

- Proverbios 14:1. Un erudito traduce este versículo tan conocido en estos términos: "La sabiduría edifica la casa de la vida. La frivolidad la derriba".[6] Por desperdiciar su preciado tiempo en frivolidades, la casa de la mujer insensata no solo deja de "edificarse", sino que en realidad se destruye.

- 1 Timoteo 5:13–14. Este versículo también nos exhorta a cuestionar lo que hacemos y dónde invertimos nuestro tiempo y energía cada vez que estamos fuera de casa y descuidamos nuestras labores y deberes correspondientes.

No sé lo que tú pienses, pero a mí me encanta conocer lo que Dios dice y pide de mí. Saberlo me permite entender su importancia y entonces disponerme de todo corazón a realizarlo con mis ojos puestos en el Señor, quien me da la fuerza. Con toda seguridad estos pocos principios del cuidado del hogar para esposas y amas de casa conforme al corazón de Dios, nos permitirán comprender mejor nuestro papel en este aspecto esencial del matrimonio.

Problemas y soluciones

A pesar de mi loable intención de cumplir con el plan de Dios, descubrí algunos tropiezos en el camino. Tan pronto tomé la determinación de hacerlo, enfrenté algunos problemas. ¿Quizá te ha sucedido lo mismo? ¿Te has sentido abrumada por algunos de ellos? Algunos problemas pueden esconderse tras afirmaciones como:

"¡Estoy tan cansada!" (¿Acaso alguna mujer no lo está?) El cansancio es una realidad inevitable de la vida. Por este motivo, considero que cada día y toda mi vida es una búsqueda de energía. Procuro con tenacidad descubrir formas de obtener, retener, asegurar e incrementar la energía. Además, examino mis niveles de energía, analizo el efecto que produce la comida sobre mi cuerpo y mi mente. Llevo un registro de los momentos en los cuales experimento el máximo de energía y los que no.

Hay otra lección que he aprendido. Cuando más me siento cansada, más necesito moverme. Mi yerno es profesor de física, y me explicó la siguiente ley física: Un cuerpo en reposo tiende a permanecer en reposo, y un cuerpo en movimiento tiende a permanecer en movimiento.

Algunas soluciones para este problema son: Intenta detectar y registrar tus niveles de energía. Al hacerlo, trata de señalar las circunstancias que elevan o minan tus fuerzas. Además, elige una actividad que te agradaría realizar cada vez que sientes que ya no puedes más. Por lo general, en esos momentos yo me dispongo a observar los titulares del noticiero, fregar la loza, cargar o descargar la lavadora de platos, o limpiar la mesa. A veces me dedico a pelar zanahorias o papas, o a preparar arroz. Me esfuerzo en dedicarme a tareas que no precisen trabajo mental. Resulta sorprendente ver cómo un ejercicio tan sencillo renueva mis fuerzas, o me mantiene en movimiento. Uno de los lemas para mi vida dice: "Algo es siempre mejor que nada", sin importar cuán pequeño sea.

Otra gran idea es hacer todo lo que esté a tu alcance para descansar. Sé que parece una tarea imposible, pero debes esforzarte para lograrlo. En mi caso, trato de ir a mi habitación a las siete de la noche. No me acuesto a esa hora, pero puedo empezar a alistarme para dormir, echarle un vistazo a mi agenda, revisar el correo, hojear revistas, entre un sinnúmero de labores pequeñas. ¡Y todo lo hago desde mi suave cama! Gracias a esta costumbre he podido acostarme una o dos horas antes, en vez de dar vueltas por ahí en banalidades, lo cual se traduce en una o dos horas más de sueño cada noche. ¿Qué puedes hacer tú para acostarte más temprano y descansar más? ¿Cancelar algún programa de televisión? ¿Reducir el consumo de cafeína? ¿Acostar a los niños más temprano?

"¡Tengo tantos hijos!" Hay mujeres que aun llegan a pensar lo siguiente: "No puedo evitar sentirme como 'la vieja mujer que vivía en un zapato, que tenía tantos hijos y no sabía qué hacer'!" Sin embargo, déjame decirte que conozco a muchas mujeres que tienen entre seis y diez hijos. Y puedo asegurarte que cualquier número de hijos acarrea nuevas exigencias para cualquier mujer o pareja.

Permíteme proponer algunas soluciones. Otro principio que orienta mi vida en cada aspecto y cada día, es mi versión personal de una ley de economía, que dice: "Cuando algo sube, algo tiene que bajar". Por ejemplo, si tú y tu esposo ya han cultivado hábitos arraigados, y llega un bebé al hogar, algo tiene que ceder, eliminarse, o desecharse. En pocas palabras, tiene que bajar. Luego, con la llegada de un segundo hijo, más y más deberá desecharse. ¿Por qué? Porque una prioridad mayor (para ti y para Dios. Ver Gn. 1:28 y Sal. 127:3–5), representada en los hijos, ha venido a ocupar el lugar de prácticas secundarias, e incluso triviales. En mi experiencia, tuve dos hijas con trece meses de diferencia de edad, y decidí cancelar mis clases nocturnas. Además, mis "escapadas" se redujeron a una sola mañana por semana. De repente, el tiempo que pasaba hablando por teléfono se redujo, pues parecía como si la lavadora me "llamara", ya que trabajaba horas adicionales por las montañas de ropa infantil que debía doblar y arreglar.

Este proceso de sacar de tu vida actividades para dar el lugar correspondiente a los hijos que Dios te ha dado, es una tarea que deben decidir juntos como pareja. Es importante que logren un acuerdo con el fin de obrar sobre una base sólida y los mismos principios. Cabe recordar que debes preparar tus habilidades comunicativas y ponerlas en práctica en este proceso en el que ambos se disponen a buscar la voluntad de Dios y lo más conveniente para ustedes como familia.

"¡No sé qué hacer!" Esta afirmación podría traducirse: "No sé cómo organizarme". Tal vez en tu corazón exclamas: "Sí, yo quiero hacerlo. Quiero cuidar mi casa". No obstante, al mismo tiempo te preguntas: "¿Cómo voy a poder manejar mi tiempo y mis ocupaciones? ¿Qué hago primero, cómo puedo trazar un plan y evitar que se eche a perder?"

Quisiera sugerirte una solución. ¡Tengo buenas noticias para ti! Todos podemos aprender habilidades organizativas. Yo misma soy un testimonio vivo de esta verdad. Si quieres, puedes. Por ejemplo, tomar cursos. O leer libros. O usar buenas herramientas de planeación y agendas. Con todo, debo advertirte que tomará tiempo, un poco cada día durante toda la vida. Hace treinta años descubrí que este refrán era cierto: "La vida es lo que te sucede sin haberlo planeado". Un día me desperté con un esposo al lado y dos bebés, sin saber qué hacer. Los acontecimientos de la vida tan solo sucedieron.

En ese momento empecé a pedir ayuda, a tomar cursos, a leer libros, a usar una agenda. Todo esto, en mi afán por aprender a administrar mi tiempo y realizar los proyectos que me había trazado con mi hogar. Lejos de pensar que ya lo sé todo, sigo aprendiendo. He crecido mucho, pero sigo aprendiendo de personas que gozan de una alta productividad, a fin de lograr más. Sigo leyendo (aunque ya tengo estantes llenos de libros sobre administración del tiempo en mi biblioteca). Aún escucho seminarios, y grabaciones de audio o en disco compacto. Sigo en la búsqueda de mejores herramientas para planear y organizar. Espero que hagas lo mismo.

"¡No estoy segura!" Si ya has organizado tus proyectos y redactado tus planes, si sabes por dónde comenzar y qué hacer, tu siguiente inquietud es cómo hacerlo. Esto indica con claridad que hace falta desarrollar habilidades en el manejo del hogar.

Veamos la solución. ¡Otra vez tengo buenas noticias para ti! Volverse experta en el cuidado del hogar también es algo que puede aprenderse. Y puedo reiterar que soy un testimonio vivo de esta realidad. En este punto necesitamos la ayuda de mujeres piadosas y mayores. Según Tito 2:3–5, estas mujeres debían estar dispuestas a enseñar todo lo relacionado con ser una esposa conforme al corazón de Dios, a sus hermanas en la fe que eran más jóvenes. El currículo comprendía las destrezas para el manejo del hogar (v. 5). ¡Te animo a buscar a una de estas preciosas santas, y a no soltarla! Ora, pídele ayuda y en seguida procura aplicar lo que te enseña.

En esta ocasión también debo resaltar que lograrlo requerirá tiempo. Por ejemplo, tiempo para reunirte con esta mujer sabia, tiempo cada día para arreglar tu casa, y toda tu vida mientras adquieres, perfeccionas, mejoras y usas esas habilidades. Con todo ¡cuánto habrá valido la pena! ¿Hay acaso un mejor lugar dónde invertir el preciado tiempo que Dios te da, aparte de tu propia casa para hacer su voluntad, bendecir a tu esposo y a tu familia con tu trabajo?

"¡No me importa!". ¡Oh, querida mía! Espero que este no sea tu caso, porque constituye el peor de todos los "problemas"... y el único que no tiene solución, aparte de un cambio en el corazón en quien persiste en semejante actitud. Entre todas las posibilidades es la más alarmante porque se trata de un problema espiritual. Como bien lo sabes, nosotras podemos saber con claridad que es nuestra responsabilidad cuidar el hogar. Asimismo, podemos tener la certeza de que nuestros esposos lo apreciarían y anhelarían ese tipo de ayuda. Aun podríamos estar seguras de que Dios desea que lo hagamos. Con todo, podríamos persistir en la indiferencia.

La solución a este "problema" cae dentro de una categoría completamente distinta de las demás. No se trata de un problema de ignorancia, exceso de ocupaciones o cansancio físico. No. Una actitud de "no me importa" revela un problema de pecado. Evidencia un espíritu rebelde. Asimismo, la decisión de pensar, decir y obrar con una actitud indiferente e indolente, fruto de un corazón impasible.

Alguien escribió que "la honra de la Palabra de Dios radica en la aprobación final de la conducta justa".[7] Después que Tito 2:5 nos exhorta a ser "cuidadosas" de nuestra casa, es nuestro deber hacerlo para que "la Palabra de Dios no sea blasfemada". En otras palabras, debemos seguir las instrucciones de Dios para que de ningún modo nuestra conducta deshonre, difame, desacredite, calumnie, sea tropiezo o cause daño a la Palabra de Dios y al evangelio de Jesucristo.

Como puedes ver, no existe una actitud más grave que desafiar la voluntad y la Palabra de Dios. Me encanta una frase poética que dice: "Pequeño, examina ese tu corazón".[8] En este momento te pido que lo hagas, que examines tu corazón y ores como David: "ve si hay en mí camino de perversidad" (Sal. 139:24). Si en ti lo hay, te imploro que lo confieses, lo abandones, y con la ayuda de Dios cambies tu mente respecto al hogar. El Señor quiere que tú, siendo una mujer de Dios, gobiernes mejor tu casa. ¡No te pierdas la bendición de tener un hogar feliz!

"¡Tengo trabajo!". Cada vez más mujeres ingresan al mercado laboral cada año. Si eres el tipo de mujer que debe atender a su trabajo por encima de su casa, será útil para ti seguir algunas pautas que te orienten. He consagrado el capítulo 9 para tratar este tema, y abunda en soluciones respecto a este asunto de la vida real. Sin embargo, por ahora observa los títulos de cada capítulo en la página de contenido del libro. Dichos títulos representan lo que "en realidad importa en tu matrimonio". Cada una de estas facetas de

Estamos llamadas a renunciar al "yo" y a trabajar para edificar un hogar donde reine el amor y prevalezca el orden.

la vida de una esposa deben ser alimentadas. Cada una representa un aspecto de la mayordomía diseñado por el corazón y la mente misma de Dios. Cada una se conforma a la voluntad y la sabiduría divinas. Esta lista comprende los deberes y las responsabilidades que Dios nos ha encomendado. Y la Biblia misma afirma: "se requiere de los administradores, que cada uno sea hallado fiel" (1 Co. 4:2).

Habla el corazón

Mientras hago una pausa para evaluar los últimos treinta años en mi búsqueda por ser una esposa conforme al plan de Dios, ¡cuánto le agradezco su voluntad de hacer de mí un ama de casa! Y cuán agradecida estoy por haber obrado en mí con su gracia para que yo pudiera lograrlo, dándome las destrezas, el carácter, la confianza de conocer y hacer su voluntad, y de hacerlo bien con esperanza y oración. Siendo yo nada, me gozo en saber que cuidar mi casa es una manera de honrar a Dios y de glorificarle. También le alabo porque a través de pequeñeces he crecido en mi semejanza de Cristo al aprender a servir a mi esposo y a los hijos, a renunciar al "yo" y a cumplir con el trabajo (si bien es un trabajo de amor) de edificar un hogar donde reine el amor y prevalezca el orden. No puedo negar que hemos experimentado fracasos, conflictos, desaciertos y metidas de pata. Sin embargo, la única conclusión después de esto es que tener un hogar feliz es una bendición incomparable. Mi querida ama de casa, ahora te invito a meditar con seriedad en las siguientes palabras que nos retan. Mi deseo es que a medida que concentras tus esfuerzos en el cuidado del hogar, tu casa sea un lugar feliz que goce de la bendición de Dios.

> Existen seis requisitos para fundar un "hogar feliz".
> La integridad debe ser el arquitecto, y
> el orden su tapicero.
> Debe recibir el calor del afecto,
> y ser iluminado con la alegría.
> La diligencia lo ventila, renueva su atmósfera y trae aire fresco [vitalidad] día tras día. Por último, y antes que todo, como una bóveda protectora y gloriosa, solo la bendición de Dios basta.[9]

Detalles que transforman

1. Tiende las camas todos los días.

¡Esto sí que es un detalle! Después de todo, ¿cuánto tiempo necesitas para tender una cama, dos minutos quizás? Aunque haya un poco de desorden en la habitación, una cama bien tendida le dará la apariencia de orden y sosiego. Claro que tendrás que ocuparte del desorden un día de estos. Toma en todo caso la determinación de cultivar el hábito diario de tender la cama. Si tienes hijos, enséñales a hacer lo mismo.

2. Haz una lista diaria de tareas pendientes.

Empieza el cuidado de tu hogar con esta idea sencilla y probada por el uso. Haz una lista de tareas pendientes. Anota todo lo que esperas o necesitas realizar cada día, y lo que embellecerá tu casa y tu vida familiar. Además de eso, señala lo más importante. Luego, por supuesto, ¡cúmplelo! A medida que domines esta sencilla técnica, desearás empezar un plan maestro para cuidar tu casa que comprenda ...

...un plan semanal,
...un plan mensual,
...un plan trimestral,
...un plan semestral,
...un plan anual.[10]

3. Planea un menú semanal.

La vida hogareña fluye con calma, cuando planeamos un menú que asegure la correcta alimentación de cada miembro de la familia (...y, como dice el antiguo refrán: ¡el camino al corazón del hombre pasa por su estómago!) Empieza planeando el menú de cada semana. Esto te permitirá preparar comidas especiales, comidas rápidas y comidas preparadas con los sobrantes. Planear un menú también te permitirá hacer un solo viaje semanal al supermercado. Permíteme dar otro pequeño consejo. A primera hora de la mañana, prepara una comida abundante para la cena. Por alguna razón nuestros días pasan volando ¿no te parece? Y cuando eso suceda, tendrás una comida lista para servir en tu mesa... gracias a que lo preparaste temprano.

4. Realiza alguna tarea que has aplazado.

¿Cuál tarea has estado posponiendo en casa, y cuya realización te daría un gran alivio y alegría? ¿Tal vez organizar el armario de la habitación principal? ¿O limpiar la nevera? ¿O lavar las ventanas? ¿O arreglar el desorden del garaje? Aunque trabajes solo 15 minutos al día para lograrlo, ¡tu satisfacción será inmensa!

5. **Conserva la misma franja de tiempo cada día para tus labores domésticas.**

   Esto es muy sencillo. Durante varios días anota el tiempo aproximado que inviertes en cualquier trabajo doméstico. La franja de tiempo que escojas no tiene que ser exacta ni rígida. Lo que en realidad importa es que tu registro te permita tener una idea clara de cuánto tiempo en realidad consagras al cuidado de tu preciosa casa. ¡Y una imagen vale más que mil palabras! Si el registro revela que el tiempo es escaso, entonces puedes planear una mayor inversión de tiempo y de esfuerzo al día.

6. **Trabaja en tu actitud.**

   Mucho antes de que los siete enanos de Blancanieves silbaran mientras hacían sus labores, Dios señaló la importancia de tener una buena actitud frente al trabajo. ¿Cómo debemos trabajar? La Biblia dice: "hacedlo de corazón, como para el Señor y no para los hombres" (Col. 3:23) y "con voluntad" (Pr. 31:13). Por consiguiente, una esposa conforme al corazón de Dios da lo mejor de sí en sus labores hogareñas. Trabaja con una actitud positiva. Hace todo para la gloria de Dios (¡Martín Lutero dijo que una lechera podía ordeñar vacas para la gloria de Dios!) Ella trabaja para engrandecer la vida de los suyos. ¡Y trabaja de todo corazón! ¿Cómo es tu actitud?

7. Procura crecer.

Después que has empezado a cuidar tu casa, gozarás de tantas bendiciones al ver los resultados de tu trabajo, que empezarás a sentirte orgullosa del lugar donde vives con tu esposo. Entonces desearás aprender nuevas destrezas, nuevos métodos de organización y nuevos principios para administrar tu tiempo. Cuando eso suceda, ¡no dejes de leer! Pídele a tus amigas que son organizadas que te recomienden sus libros preferidos en el tema del cuidado del hogar. Busca la manera de perfeccionar de continuo tu trabajo. Te alegrarás de haberlo hecho... ¡y tu esposo también!

7

Criar a los hijos

Y estas palabras que yo te mando hoy, estarán sobre tu corazón; y las repetirás a tus hijos.
DEUTERONOMIO 6:6–7

En numerosas ocasiones me han solicitado escribir un libro acerca de la crianza de los hijos. De hecho, incluso me han pedido escribirlo con mis dos hijas, quienes ahora crían a sus hijos. Sin embargo, debo confesar que de ninguna manera me considero una experta en el tema. Al mirar atrás el arduo camino recorrido, me estremezco. Tantos errores. Tantas faltas. Y, alabado sea el Señor, ¡también abundó su inmensa e incontenible gracia!

Según mi opinión y conocimiento, ninguna experiencia requiere humillarse tanto como ser madre. Al pensar en el matrimonio viene a mi mente la imagen de dos adultos. Con tu esposo, al menos puedes esforzarte en mejorar las habilidades comunicativas, aprender y hacer ajustes para entenderse mejor. En cambio, ¿qué ocurre en el caso de los niños? Bueno, todo es diferente. Estás frente a un bebé, que se convierte en niño, en adolescente, en joven, y en adulto. Y las normas de convivencia y de comunicación con los hijos en sus diferentes edades y etapas son... como lo dijera... diferentes. Allí radica el gran reto.

Paternidad básica

Ignoro en cuál etapa de la paternidad te encuentras. Tal vez todavía no tengas hijos, o tal vez tienes un puñado. Tal vez tienes niños pequeños que gatean por el piso, dan voces, y halan tu ropa todos a la vez. Quizá tus hijos estén en el colegio, o en la escuela secundaria. O tal vez, como es mi caso, Dios te haya permitido proseguir a la segunda ronda con tus nietos. Cualquiera que sea tu situación o rango de edad, Dios te ha encomendado una tarea sin igual. Si bien las prácticas relacionadas con la crianza van y vienen, y cambian, existen ciertos valores y procedimientos fundamentales que permanecen. A medida que avanzamos en las pautas que he denominado "paternidad básica", observa cómo las presento en una progresión natural desde la situación sin hijos hasta la que ya goza de los nietos. Tú debes:

1. *Desearlos.* Resulta útil para cualquier esposa saber y creer todos los días de su vida familiar, que los hijos son una bendición. Esta enseñanza acerca del valor de los hijos y el lugar que ocupan en el plan perfecto de Dios para la pareja se basa en Génesis 1:28. La ordenanza que Dios

le dio al primer matrimonio fue: "Fructificad y multiplicaos", y "llenad la tierra". Su Palabra también declara: "herencia de Jehová son los hijos" y "cosa de estima el fruto del vientre". Allí Dios concluye: "Bienaventurado el hombre que llenó su aljaba de ellos" (Sal. 127:3, 5).

Según el relato del Antiguo Testamento, Ana deseaba con todo su corazón tener hijos. Sara también anhelaba ser madre. Lo mismo sucedió en la vida de Rebeca, de Raquel, de la esposa de Manoa, de Elisabet... y de muchas otras mujeres en la Biblia que deseaban tener hijos.

Reconozco que los hijos llegan a nuestra vida de muchas formas, algunas en un principio más gratas y dichosas que otras. No obstante, la tarea que Dios te confía como mujer y madre conforme a su corazón es orar con fervor y buscar tener su corazón, lo cual se traduce en una actitud y una mente dispuestas a recibir a los hijos que lleguen al seno familiar.

2. *Orar para tenerlos.* Ana deseaba tanto un hijo, que oró para tener uno. De hecho, su deseo era tan vehemente, que además de orar, le hizo una promesa a Dios (1 S. 1:10–11). Al parecer, la madre piadosa descrita en Proverbios 31, también oró y tal vez hizo un voto. Al referirse a su hijo, declaró que no solo era el hijo de su vientre, sino el "hijo de mis deseos" (v. 2).

En vista de lo anterior, querida amiga, ¿qué lugar ocupan los niños en tu lista de oración? Tengas o no hijos, ellos deben ocupar un lugar prominente en tu vida de oración.

Hasta la fecha, en mi lista de oración las hijas y los nietos ocupan el tercer lugar, después de mi andar con Dios y de mi relación con Jim. ¡Ocupan un lugar sobresaliente en mi corazón y en mis oraciones!

3. *Acogerlos con beneplácito.* Ante la llegada de un nuevo bebé, recuerda que no es el fin de tu vida. ¡De ninguna manera! ¡Es el comienzo de ella! De hecho, en ellos que son la nueva generación, se deposita la vida misma. Me encanta la actitud de Sara. Al enterarse de la posibilidad de ser madre por primera vez (¡a los 90 años!), exclamó con admiración: "Después que he envejecido tendré deleite...?" (Gn. 18:12). En otras palabras, ¡Sara estaba muy emocionada con la idea de tener un hijo! Luego, al tener a su pequeño Isaac, casi cantaba en total asombro: "Dios me ha hecho reír, y cualquiera que lo oyere, se reirá conmigo" (Gn. 21:6).

4. *Llevarlos a la iglesia.* Tan pronto como hayas tomado a tu bebé recién nacido entre los brazos, empieza a instruirlo en los caminos del Señor. Desde el primer día de su vida empieza a dirigir su vida hacia Él. Y apenas asistan como familia a la iglesia, llévenlo con ustedes. Si existe alguna ceremonia de presentación de bebés en la iglesia, celébrenla de corazón. María llevó al bebé Jesús al templo a los ocho días de nacido a fin de cumplir con la ceremonia consagrada por Dios en la ley del

> *Nunca es demasiado pronto para orientar las vidas de tus hijos hacia el cielo.*

Antiguo Testamento (Lc. 2:21), y más adelante a los 40 días (v. 22). Querida madre, sigue su ejemplo. Empieza desde muy temprano a grabar en tu corazón y en el de tu hijo la importancia del Señor y de consagrar su día. Por ninguna razón tus pequeños deben desconocer a Dios ni a su Hijo, nuestro Salvador Jesucristo. Amada y esforzada madre, nunca es demasiado pronto para orientar las vidas de tus hijos hacia lo celestial... por el contrario, con facilidad se hace demasiado tarde. Te imploro: ¡No tardes en hacerlo!

5. *Amarlos.* No dudo que ames a tu familia. Sin embargo, también puedes orar a diario para tener un corazón lleno de amor. ¿Por qué? Porque las madres nos fatigamos. Y en ocasiones llegamos a fatigarnos tanto que llegamos al límite de nuestras fuerzas. Y entre más hijos tenemos, más nos fatigamos. Puedes contar con eso. ¿Alguna madre no anhelaría una buena noche de descanso, sin importar la edad de sus hijos? Lo cierto es que debemos amarlos (en vez de resentirnos contra ellos, quejarnos por ellos, ser impacientes con ellos, o desear estar lejos de ellos).

Además de eso, debemos preocuparnos por expresar ese mismo amor a Dios, a nuestros hijos y al prójimo. Debo confesarte que lloré cuando mi hija Caterine me contó con lágrimas que se sentía destrozada al separarse por primera vez de su primogénita, Taylor Jane, para asistir a un retiro de mujeres. (¡Y la niña ya tenía 18 meses!) Lloré porque aprecio profundamente el corazón amoroso que rebosaba en sus lágrimas. Y también lloré porque he participado en muchas conferencias como esa, donde muchas madres que asistían expresaban sin temor cuánto anhelaban estar lejos de sus hijos. En realidad, a los hijos que Dios les había dado los llamaban "mocosos", "pillos" y "los pequeños monstruos". Deseaban tener un poco de tiempo para "ellas", un poco de "calma", y de espacio.

Entiéndeme bien, por favor. Yo comprendo la tensión, el cansancio, el desgaste, y el precio que paga una madre por la crianza de los hijos. Después de todo, ya pasé por ahí. Sin embargo, también creo que nuestra conducta, y nuestra boca, traicionan nuestro corazón más de lo que imaginamos. Ahora te pregunto, ¿qué tan elevado está tu nivel de amor? ¿Cuál es la actitud de tu corazón hacia tu papel como madre y hacia tus hijos? Ora para amarlos, desear estar con ellos, y amar tu papel de madre. Toda la enseñanza y el llamado de la Biblia para las esposas y las madres se resumen en este mandato: "amar... a sus hijos" (Tit. 2:4).

6. *Enseñarles.* Ahora revisa los versículos anotados al principio del capítulo. Fueron escritos en la ley de Dios, en Deuteronomio 6:6–7, y te ordenan, como madre conforme al corazón de Dios, que cada día de tu vida debes:

...enseñarles a tus hijos

...enseñarles la Palabra de Dios

...enseñarles con diligencia

...enseñarles de continuo

Estas instrucciones que nacen del corazón de Dios nos muestran que debemos enseñarles a nuestros hijos sin importar su edad. Debemos enseñarles la Palabra de Dios de manera seria y con un propósito. Debemos enseñarles acerca de Dios en el quehacer cotidiano hablándoles de Él a lo largo del día, en cada oportunidad que se presente, desde que el niño se levanta hasta que se acuesta. Debemos impartir enseñanza bíblica, y enseñanza práctica acerca de Dios por medio de las experiencias vívidas de cada día.

También es cierto que enseñar a tus hijos exige de tu parte amar a Dios y su Palabra, y amar a tus hijos. Asimismo, demanda tiempo. Cada día, y toda la vida.

7. *Instruirlos.* Tú y tu esposo (que en el caso ideal participa de manera activa), son los primeros a quienes Dios delega la instrucción de los hijos. Es cierto que la iglesia ayuda. También es probable que una guardería o colegio cristiano apoyen tu labor. Lo mismo podría suceder con los abuelos y otros parientes. No obstante, Dios es claro al encomendarles a los padres la instrucción de sus hijos. Proverbios 1:8 declara de manera específica: "Oye, hijo mío, la instrucción de tu padre, y no desprecies la dirección de tu madre". Tu trabajo, querida madre conforme al corazón de Dios, consiste en enseñarles a tus hijos a cultivar un carácter piadoso y costumbres santas. La misión que tu Padre celestial te ha confiado es enseñar e instruir a tus hijos e hijas a respetar a otros, a compartir, a ser amables, a manejar bien el dinero, a trabajar, a ser honrados, a permanecer en pureza (ver las instrucciones para

los padres en Proverbios 5 y 7), entre otras. Claro, a medida que los hijos crecen, las enseñanzas que deben recibir son más exigentes. Con todo, cada paso a lo largo del camino es esencial. No pases por alto, ni eludas, ni rehuyas, ni restes importancia o valor a cualquier enseñanza que pueda afectar el destino de tus hijos.

Que nuestro objetivo sea imitar el ejemplo fiel y dedicado de la madre descrita en Proverbios 31:1–9, a quien Dios honró. El hijo de esta mujer, un hombre sabio y ya mayor, escribió: "Palabras del rey Lemuel; la profecía con que le enseñó su madre" (v. 1). Como puedes notar, querida mamá, ¡este hombre atesoró el consejo sabio de su madre! Y dime, ¿en qué se centró la enseñanza materna referida en los versículos 1–9? En primer lugar, su madre le advirtió a su hijo acerca de una vida disoluta que codicia los placeres sensuales. En segundo lugar, ella le imploró que se abstuviera de beber vino en exceso y de las bebidas alcohólicas. Es un buen consejo ¿no te parece? ¡Y resulta tan práctico! En el proceso de alistar, preparar, y lanzar a su hijo para la vida adulta, esta madre dedicada habló desde lo profundo de su corazón. Ella manifestó todo su amor a través de una enseñanza vehemente en su esfuerzo por librar a su amado hijo de dificultades, perjuicios y ruina en el futuro.

Al respecto, tengo en mente dos lecciones prácticas. La primera, que como madre te encargues de transmitir toda esta enseñanza, para lo cual debes estar ahí, en casa. Y la segunda, que debes estar atenta al desarrollo de cada uno de tus hijos como individuo, a sus inclinaciones, defectos, fortalezas, sin olvidar en qué gasta su tiempo, e incluso con quién. "Aun el muchacho es conocido por sus hechos, si su conducta fuere limpia y recta" (Pr. 20:11). ¿Cómo evalúas tu desempeño frente a estas dos responsabilidades?

8. *Brindarles orientación.* A pesar de que tus hijos sean mayores y más "independientes" (por ejemplo, al ingresar a la universidad, o estar fuera de casa, o trabajar lejos durante el verano), todavía puedes orientarlos manteniendo una buena relación y hablando acerca de sus vidas, sus intereses, y las decisiones que deben tomar. Sansón habló con sus padres acerca de su deseo de casarse (Jue. 14:1–4). Por otro lado, podríamos pensar que el rey Lemuel, que era un hijo sabio y copió el consejo de su madre en Proverbios 31:1–9, también la obedeció en el momento de elegir a su esposa (31:10–31). Como madre piadosa, tú eres en el presente, y lo serás en el futuro, un precioso tesoro de Dios para tus hijos, sin importar su edad. Así pues, no temas brindarles tu sabiduría y tu consejo.

9. *Ofrecerles tu amistad.* Tan pronto tus pequeños hayan atravesado las etapas necesarias para llegar a la vida adulta, te sentirás motivada a proceder con rapidez y naturalidad hacia el establecimiento de una amistad. Claro que aún eres para ellos la más competente maestra, entrenadora, animadora, confidente, consejera y orientadora. Sin embargo, ahora tienes el privilegio y el gozo supremo de convertirte en su amiga. ¿Qué hacemos las mujeres para cuidar nuestras amistades? Permanece-

mos en contacto. También llamamos, hablamos, enviamos tarjetas, cartas, mensajes, y regalos a nuestros amigos. Las puertas de nuestra casa están siempre abiertas para ellos. También disponemos nuestros corazones (con cuidado amoroso), nuestros hombros (para llorar o descansar), y nuestros brazos (para sostener). Si eres madre de hijos adultos, te insto a no perder esta bendición. Hazles saber de todas las formas posibles cuán valiosos son para ti. Inclusive, que para ti valen más que tus mejores amigos. Recuerdo muy bien una ocasión en la que llamé a mis padres siendo estudiante universitaria para contarles que estaba enferma y que desearía recibir su visita el fin de semana. ¿Puedes imaginar la decepción que sentí cuando arguyeron que no era una buena idea porque ese fin de semana habían programado un juego de naipes con sus amigos? Yo entendí el mensaje, claro y fuerte, de que para ellos era más importante jugar cartas con otra familia, que yo. ¿Qué mensaje les transmites a tus hijos adultos? ¿Uno que anhela cultivar la mejor y más valiosa de las amistades?

10. *Acoger a la persona con quien tu hijo elige casarse.* En el próximo capítulo trataremos el tema de la familia extendida. Por el momento, digamos que es esencial que tú recibas con beneplácito a la pareja de tu hijo o de tu hija cuando se casan. Deben unirse y formar una unidad, pues constatarás que una vez casados ¡son familia! En el caso de nuestras dos hijas, Jim y yo hicimos frente a la etapa de cortejo y compromiso con una actitud reservada y distante, pues éramos conscientes de que muchos

tropiezos pueden presentarse para una pareja justo antes de llegar al altar, e incluso en el momento de pronunciar los votos matrimoniales. Sin embargo, puedo asegurarte que tan pronto Caterine y Courtney se dieron vuelta y salieron por fin por el pasillo de la iglesia de la mano con sus esposos, ellos entraron para siempre en mi corazón. En ese instante, ambos "Pablos" (¡sí, cada una de mis hijas se casaron con un "Pablo") llegaron a ser para mí no solo mis yernos, sino mis hijos. Son los hijos que nunca tuve... y que Dios me dio gracias a la unión matrimonial. Daría mi vida gustosa por cualquiera de ellos dos.

¿Qué sucede después del trajín y la agitación de la ceremonia de bodas? Tus hijos adultos y recién casados deben dejar a sus padres y la casa de su infancia (Gn. 2:24), y unirse a sus cónyuges. En ese proceso necesitan ver en ti una actitud de agrado y felicidad. Asimismo, necesitan de tu comprensión, amor, apoyo, aliento y oración.

En una ocasión, Jim y yo decidimos expresar este tipo de apoyo de un modo particular. Una noche invitamos a cenar a una de nuestras hijas recién casada, junto con su esposo. Durante la conversación, mi hija nos dijo de manera desprevenida: "¡Nunca me iría a vivir lejos de ustedes!" Ahora bien ¿cómo podríamos animarla? Desde nuestra perspectiva egoísta como padres, eso era música para nuestros oídos. Sin embargo, al instante hablamos con ella en privado y le recordamos el principio para el matrimonio de dejar su casa y unirse a su esposo, y que su misión consistía en seguir a su esposo, mientras que él proveía para sus necesidades. Jim y yo deseamos lo mejor para nuestras hijas y para sus esposos, y el plan perfecto de Dios exige de nuestra parte liberar a la nueva pareja con el fin de que pueda vivirlo sin tropiezos. Por otra parte, es indispensable brindarles nuestro amor y nuestras oraciones, así como visitarlos tanto como sea posible...

11. *¿Y qué de los nietos? ¡También debes acogerlos!* El ciclo de la vida familiar se repite una y otra vez. Hay realidades que nunca cambian, y una de ellas es el corazón de una madre. Quisiera confesarte algo. Soy abuela de cinco pequeños nietos, cuyas edades no sobrepasan los cuatro años, y estoy impaciente por verlos casarse y tener sus propios bebés para tenerlos a su vez entre mis brazos. Estoy ansiosa por acoger la tercera generación y reiniciar el ciclo de orar, amar, enseñar, instruir, y ofrecer mi amistad, con la ayuda del Señor. ¡Qué dicha tendré! ¡Qué satisfacción! ¡Qué respuesta tan maravillosa a una vida entera de oración! ¡Alabado sea el Señor! ¡Y qué responsabilidad!

12. *Orar por los nietos.* ¡Aquí se reinicia el ciclo! ¿Qué es una madre? Una mujer que ora por sus hijos, por los cónyuges de sus hijos, y por sus nietos. Quizá su misión primordial y sublime en la vida sea orar. Ella es quien no cesa de orar, y sus hijos lo saben. Oraste por ellos antes y en el momento de su concepción, en su nacimiento, en su edad preescolar, en sus años de infan-

> *Una madre es una mujer que ora por sus hijos. Quizá sea esa su misión primordial y más sublime en la vida.*

cia, de adolescencia, en la escuela secundaria, al ingresar a la universidad, al iniciar su vida laboral, y seguirás haciéndolo ahora... y siempre. Semejante vida de oración y de esfuerzo consagrado a la intercesión por nuestros preciados hijos es "la obra más sublime que puede realizar nuestra mente".[1]

Habla el corazón

En relación con la enseñanza bíblica para ser madres sabias y piadosas, debo decirte primero que he derramado mi corazón al tratar este tema en casi todos mis libros. ¿Por qué? Porque toda mujer cristiana que tiene hijos, hijastros, o nietos, asume una seria responsabilidad ante Dios por esas vidas que Él le ha confiado. En otro libro, además, trato con toda humildad el tema de la paternidad en Dios y de la asombrosa misión de ser madre otra vez. Y debo admitir que mi corazón late con fuerza, ya que la verdad de las Escrituras me recuerda lo agobiante, prolongada y exigente que resulta la tarea de criar a los hijos, para una mujer conforme al corazón de Dios. Vuelvo a caer de rodillas, a sentirme incapaz (¡lo cual es cierto a menos que cuente con la ayuda de Dios!). He tenido que volver a buscar a nuestro Dios que es todopoderoso, omnisciente y amoroso, y para quien "todo es posible" (ver Mt. 19:26), incluso la increíble tarea de ser padre.

Te aconsejo entonces que al igual que yo...

Aceptes el papel que Dios te ha asignado.

Renueves tu compromiso de cumplirlo, por medio de su gracia.

Te esfuerces en perseverar.

Ores con más fervor, fidelidad, ¡y sin cesar!

Detalles que transforman

1. Programa tu agenda.

¿Notaste que no sugiero seguir un horario? Es casi imposible para una mamá cumplirlo debido a tantos quehaceres en el hogar. Sin embargo, al mismo tiempo, toda madre sabia tiene un horario y sigue una rutina diaria. Si quieres tener un día más ordenado, empieza con un plan en mente. Programa las comidas, las siestas, el juego, el descanso, el baño y el momento de acostar a los niños. En cuanto dependa de ti, no cambies el plan. Con firmeza evita desviarte de él. Tu objetivo es fortalecer una rutina predecible para que tus hijos sigan un orden y un tiempo específico para cada actividad. Asimismo, planea tus quehaceres domésticos. Y una pausa para tu descanso. Sin duda se presentará algún día excepcional por fuera de casa (por ejemplo, para ir a un estudio bíblico o hacer diligencias), pero tus hijos seguirán gustosos la rutina diaria establecida para sus días. Aunque trabajes, es posible programar y crear rutinas en la mañana y en la noche que le brinden a tu familia la sensación de orden, de normalidad, y de estar en casa.

2. Levántate antes que tus hijos.

A propósito de horarios, esta recomendación es para ti, querida mamá. ¡Debes ganarles a tus hijos!

Con esto quiero decir que debes levantarte antes que el resto de la familia. De lo contrario, habrá una gran pérdida y desgaste. Significaría empezar tu día retrasada ¿y sabes qué? ¡Nunca alcanzas a ponerte al día! En cambio ¿qué ocurre si te levantas un poco más temprano? Podrás levantarte con tranquilidad, sentarte a solas, leer tu Biblia, anotar el plan del día, orar por él y por tu amada familia. Ese simple detalle te permitirá ser una mejor mamá.

3. **Organiza la actividad lúdica en un solo lugar.**

Si tus hijos tienen un lugar divertido y acogedor para jugar o para expresar su creatividad, van a estar a gusto en casa. Además, se puede combatir el aburrimiento ya que hay muchas actividades interesantes y un lugar especial para realizarlas. Este es un "detalle" que produce niños más felices y activos. Además, otra ventaja es que encauza la tarea familiar de ordenar (la cual has programado tres veces al día, a saber: Antes del almuerzo, antes de la llegada de papá, y antes de acostarse, ¿cierto?) Todo está en una habitación o en un solo lugar. Puedes usar estantes, armarios, cajas o canastas para que cada niño organice allí sus juguetes. También puedes fijar un solo lugar (por ejemplo, un estante, un armario, una caja, una canasta o una repisa) para guardar utensilios de arte, materiales para manualidades, instrumentos musicales, equipos de video, de audio, o computadoras. ¡Eso me suena a un lugar lleno de diversión!

4. Aparta un tiempo para la enseñanza.

Al realizar un horario y un programa diario para tu familia, consagra un tiempo para enseñarles a tus hijos. Será un tiempo en el cual cada niño que permanece en casa durante el día puede sentarse en una mesa para realizar alguna actividad bajo la dirección de mamá. Por ejemplo, pueden hacer un trabajo manual. Puedes enseñarle alguna lección con ayuda de un libro de trabajo, o un libro de calcomanías diseñado para aprender el alfabeto, las figuras geométricas y los números. Puedes usar tarjetas de información. También pueden dramatizar juntos una historia o una lección grabada en un casete según la edad de los niños. Solo asegúrate de que cada niño se siente en orden y que haya un trabajo planeado y acorde con su edad. Es recomendable que la actividad tenga un toque de formalidad, mucha diversión, y que ores antes de realizarla. ¡Todas necesitamos ayuda a la hora de enseñar!

5. Organiza un tiempo diario de "enseñanza bíblica con mamá".

Al programar una agenda y crear una rutina para tu familia, planea un tiempo para aprender de la Biblia todos los días. No se trata de un tiempo de enseñanza formal, sino de un tiempo ameno, como debe serlo siempre la lectura de la Biblia. En ese momento pueden tomar un descanso, sentarse junto a mamá, y compartir un refrigerio de galletas con leche mientras ella (o un niño mayor) lee la Biblia o un libro de historias o rimas bíblicas. Ese tiempo debe ser divertido, cálido y agradable, un momento especial que comparten juntos. Al final, dirige una oración en la que todos participen con una frase alusiva a la historia bíblica. Luego, cuando papá llegue a casa, pídeles que le cuenten lo que leyeron ese día en la Biblia. Empieza leyendo las grandiosas historias de Jesús, de los héroes de la fe del Antiguo Testamento, y las historias y aventuras del apóstol Pablo. Asegúrate de que la Biblia haga parte de la vida cotidiana de tus hijos ¡sin importar la edad!

8

Amar a la familia

Si es posible, en cuanto dependa de vosotros, estad en paz con todos los hombres.
ROMANOS 12:18

"La condena por cometer bigamia es tener dos suegras".

"La esposa no siempre es la que manda en el hogar. A veces es su madre".

"Para la mayoría de esposos 'el gran acontecimiento' tiene lugar cuando su suegra se regresa a su casa".

"Un 'lío doble' es una suegra que tiene una hermana gemela".

Estos refranes hacen mofa de las suegras. No obstante, la buena noticia es que este sarcasmo no describe la realidad de todos. Por otro lado, querida lectora, tu relación con tu suegra o con tu familia extendida no debe ser así, dado que eres una mujer cristiana conforme al corazón de Dios.

Después de habernos comprometido, para Jim y para mí al final fue una dicha casarnos. Después del enamoramiento, de trazar planes, de prepararnos y casarnos, salimos para nuestra luna de miel con el brillo de las estrellas en nuestros ojos y el corazón lleno de amor y felicidad.

No obstante, después de la boda empezó la vida real. Entonces Jim y yo descubrimos que como pareja formábamos una unidad nueva, y que cada uno traía consigo una familia entera. Ahora teníamos que resolver nuevos dilemas. Por ejemplo, ¿a cuáles de nuestros padres íbamos a visitar primero? ¿Con qué frecuencia deberíamos verlos? ¿Teníamos que gastar el dinero que ganábamos con tanto sudor (¡y que nunca bastaba!) para emprender largos viajes y visitar a nuestros padres o a la familia política? ¿Qué pasaría con nuestros hermanos y hermanas que habían sido nuestros mejores amigos desde la infancia? ¿Cómo debíamos afrontar la tensión que tantas veces se percibía en esas relaciones?

El plan perfecto de Dios

Gracias al Señor que para cada problema Él tiene una solución, una solución divina. Y en lo concerniente a los problemas familiares, Dios ofrece su consejo a cada pareja. Ya estudiamos el plan de Dios que ordena a los recién casados "dejar" a sus padres y "unirse" a su cónyuge (Gn. 2:24). Tan pronto los hijos maduran y se casan, el plan de Dios para ellos y para sus nuevas familias es que formen una nueva unidad separada y aparte de sus padres. Dios también ha dictaminado que el matrimonio sea indisoluble, y que los esposos estén completamente unidos ("adheridos" sería la traducción literal de la palabra "unirse"), hasta que la muerte los separe.

El plan perfecto de Dios que dictamina dejar a los padres y unirse al cónyuge, delega a los miembros de ambas familias una doble responsabilidad. Por un lado, los padres de ambos cónyuges deben estàr dispuestos a salir de la vida de su hijo adulto, y soltarlo por completo. Deben bendecir la unión matrimonial de la nueva pareja, así como apoyarlos, animarlos y ante todo orar por ellos. Hay suficientes tropiezos por vencer en los primeros años de matrimonio, para añadir la tensión de los problemas relacionados con la familia política. Por otro lado, la nueva pareja tiene la responsabilidad de mantenerse separada y fuera del círculo y de la casa familiar. Como puedes ver, es necesario que cada familia se divida antes de poder multiplicarse.

Podría comparar esta situación con una coreografía armónica. La joven pareja tiene que salir, y las familias correspondientes deben dejarlos ir. Y sin embargo, después que la pareja ha salido, debe regresar. Todavía son familia, pero ahora bajo una nueva perspectiva. Cada unidad familiar ha cambiado en el sentido de que el hijo adulto ya casado tiene una pareja, un espíritu afín con quien comparte una unidad total y una amistad única. Esas dos personas que se vuelven una, regresan a sus familias de origen para fortalecerlas y enriquecerlas en el sentido de que dicha unidad familiar se extiende, se multiplica y se proyecta en una nueva generación. Al final, Dios transforma una familia en dos, dos unidades amigas que se ayudan mutuamente, se aman y se aprecian, y que ocupan un lugar especial en cada corazón.

Además, Dios ha trazado otros planes para las parejas que se unen conforme a su voluntad. ¡Sigue leyendo y lo sabrás!

El primer mandamiento con promesa

A todos nos agradan las promesas, especialmente si ofrecen mejoras en nuestra calidad de vida. Dios tiene una promesa para nosotras si obedecemos el mandato que la precede. Me refiero a uno de los diez mandamientos consagrados en la ley de Dios. El quinto mandamiento declara: "Honra a tu padre y a tu madre, para que tus días se alarguen en la tierra que Jehová tu Dios te da" (Éx. 20:12). Toda persona adulta tiene la obligación de honrar a sus padres como honra a Dios, y de hacerse cargo de ellos.

> *Dios pide obediencia a su mandato de honrar a los padres, y promete una vida de bendición espiritual para quien lo obedece.*

El Nuevo Testamento reitera este mandamiento. En la carta a los efesios leemos: "Honra a tu padre y a tu madre, que es el primer mandamiento con promesa; para que te vaya bien, y seas de larga vida sobre la tierra" (Ef. 6:2–3). En otras palabras, Dios nos pide obediencia al mandato de honrar a los padres, y nos promete una vida de bendición espiritual que culminará en la suprema bendición de la vida eterna.

Amor práctico

Rut y Noemí personifican una relación entre nuera y suegra, que refleja el mandamiento de Dios de honrar y bendecir, y la vivencia del amor práctico. Estas dos esposas conforme al corazón de Dios simbolizan en las Escrituras la relación con la familia política que glorifica a Dios.

¿Qué las unió? Un matrimonio. Rut se casó con el hijo de Noemí, y las dos mujeres llegaron a ser familia. Los esposos de ambas fallecieron. Eran dos viudas solas, y no tenían persona alguna en quién buscar apoyo o sostén. Veamos lo que puedes aprender como esposa a partir de la historia de estas dos mujeres, y la lección práctica para tu relación con tu familia política. A medida que avances en la lectura, recuerda que los mismos principios son válidos para tu relación con tus padres. Así pues, busca la manera de ponerlos en práctica, tanto en el lazo que te une a tus padres, como el que te une a tus suegros. Por medio de esta historia, Dios te enseña a honrarlos por igual.

Rut respetaba a su suegra. Las palabras narradas en el voto de fidelidad que con tanta vehemencia expresó Rut, evidencian el amor sin límite que le prodigaba a su suegra, y un profundo respeto:

> "No me ruegues que te deje, y me aparte de ti; porque a dondequiera que tú fueres, iré yo, y dondequiera que vivieres, viviré. Tu pueblo será mi pueblo, y tu Dios mi Dios. Donde tú murieres, moriré yo, y allí seré sepultada" (Rt. 1:16–17).

De hecho, Rut estimaba tanto a Noemí, que renunció a su tierra natal y decidió voluntariamente ir a Judá y empezar una vida completamente nueva junto a su suegra. Rut también admiraba, respetaba y anhelaba gozar del mismo vínculo que Noemí tenía con el Dios de Israel.

¿En qué medida respetas a tu suegra? Un buen ejercicio podría ser anotar en un cuaderno las "diez cualidades que aprecio de mi suegra" (o de mi madre, o padre, o suegro). Créeme, al centrarte en las cualidades de tu suegra, puedes darle gracias a Dios por todo lo bueno que posee, y también decírselo a ella, y a tu esposo. ¡Eso suavizará tu amistad con ambos!

Rut fue leal a su suegra. Noemí y Rut eran familiares en virtud de la relación que compartieron con un mismo hombre, a la vez hijo y esposo. La declaración vehemente de Rut revela su decisión de separarse de su patria pagana y de unirse a su suegra. Además de eso, le prometió amor perpetuo. Por último, como sello de su fidelidad, Rut pronunció un juramento: "así me haga Jehová, y aun me añada, que sólo la muerte hará separación entre nosotras dos" (Rt. 1:17).

Tu misión es amar, valorar, honrar, y respetar a los miembros de tu familia.

¿Cómo puedes demostrar tu lealtad a tu suegra? Yo diría que lo primero es no hablar mal de ella. Toma la decisión de nunca murmurar de ella. Es fácil ceder a la tentación de hablar con otras mujeres cuando empiezan a contar anécdotas de suegras. ¡No lo permitas! ¿Por qué? Porque tú eres una mujer, una esposa y una hija conforme al corazón de Dios. Tu misión es orar, valorar, honrar y respetar a los miembros de tu familia. Dios te ha ordenado esa tarea, ¡y ese mandamiento!

Cada vez que te sientas tentada a decir lo que no es, muérdete la lengua, ora en tu corazón, y calla. También podrías abrir tu boca y recitar las diez cualidades que más aprecias de tu suegra, y dar testimonio de toda la bendición que recibes de ella. Sin importar lo que pase, te ruego que no participes en habladurías sobre suegras. Eso envenena tu corazón, va en contra del plan perfecto de Dios para tu vida, empaña su reputación y no es provechoso.

Permíteme sugerir otro ejercicio que puedes perfeccionar. Nunca denigres de tu suegra ante tu esposo. Hay temas mucho más interesantes, constructivos y dignos de una conversación en pareja, que enredarse en habladurías que desprestigian a los familiares. Más bien, graba en tu memoria estas palabras que brotan del corazón de Dios: "Ninguna palabra corrompida salga de vuestra boca, sino la que sea buena para la necesaria edificación, a fin de dar gracia a los oyentes... quítense de vosotros toda... maledicencia, y toda malicia" (Ef. 4:29,31), "a nadie difamen" (Tit. 3:2). Eso incluye a tu familia política.

Rut deseaba permanecer junto a su suegra. Noemí

pensó primero en el bienestar de sus nueras al animarlas a quedarse en su tierra natal. A ambas les suplicó: "Andad, volveos cada una a la casa de su madre. Volveos, hijas mías, e idos" (Rt. 1:8,12). Con todo, la fiel Rut siguió a Noemí en su largo camino de regreso a Belén. Es fácil hablar, pero las acciones dicen más que las palabras. Y así procedió Rut, pues además de prometer fidelidad, actuó en conformidad con sus palabras. Salió para Belén y caminó junto a su suegra. Rut ser convertiría en una mujer extranjera que vive en una tierra extraña, pero su deseo era acompañar a Noemí.

No sé cuántos años tengas, pero si tu matrimonio es joven, te propongo expresarles a tu madre y a tu suegra tu deseo de estar con ellas invitándolas a una cena familiar en tu casa, o a un almuerzo para las dos. Y si trabajas, llámalas y lánzales la propuesta: "Mamá (o querida suegra), ¿te gustaría que nos viéramos a la hora del almuerzo? Conozco un restaurante muy bonito que te agradaría. Me encantaría atenderte". También puedes proponerle: "Mamá, voy a salir de compras, ¿te gustaría acompañarme? ¿Nos encontramos? ¡Pensé que podríamos pasar un buen rato!".

Si eres una mujer mayor, eso significa que tu madre y tu suegra también son un poco mayores. Aunque eso implica ciertos cambios, no hay razón para que la intención de tu corazón cambie. Manifiesta tu deseo de pasar tiempo juntas, buscándola y llevándola a hacer compras o a almorzar (o a tomar un café, todo en función de su edad). Puedes compartir tiempo con ella acompañándola a una cita médica o a la peluquería, mientras espera su turno. Si es viuda, tal vez puedas llevarla a la iglesia o a una reunión familiar. O tal vez puedas enviarle un pasaje de avión para que viaje a visitar a tu bulliciosa familia. Incluso podrías arreglar una habitación para ella, para que se quede todo el tiempo que desee.

Y ¿qué de los últimos años que compartirás con tus padres? En mi caso, pasé temporadas enteras durante casi ocho años de mi vida en hospitales y hogares de ancianos porque deseaba acompañar a mis padres y a mis suegros en el proceso normal de deterioro físico y mental. Estar con ellos significó pagar pasajes de avión, alejarme de mi casa y de mi familia durante varios días, y cuidar sus casas mientras recibían atención médica.

En mi memoria conservo una escena inolvidable. Mientras recorría el pasillo del hogar de ancianos donde vivía mi madre, pasé por la habitación de otra señora. (En ese momento ya las conocía a todas). Allí estaban sentadas cuatro mujeres: La abuela que estaba en sus ochenta, la hija en sus cincuenta, y dos nietas adolescentes. A decir verdad, ¡parecía una fiesta de pijamas! Todas reían y bromeaban juntas frente al televisor, manifestando su amor mutuo con las manos entrelazadas. Las dos generaciones más jóvenes querían pasar tiempo con su matriarca. Es indudable que una hija en plena vida activa, y dos jovencitas con toda la vida por delante y todo un mundo por descubrir, tuvieron que sacrificar algo para poder estar en la lúgubre habitación de su abuela y madre, que tanto necesitaba su alegría. Con todo, ellas lo hicieron. Y me alegra que así haya sido, y creo que a ellas también, porque la siguiente ocasión en la que pasé por aquella habitación, ya estaba vacía. Aquella madre y abuela amada (que también era una suegra para el esposo de su hija), había fallecido.

¿Podrías sacrificar algo a fin de pasar más tiempo con tus padres o tus suegros, antes de que sea demasiado tarde?

Rut sirvió a su suegra. ¿De qué manera? Con su ayuda, su provisión, su sostén, y su trabajo esforzado. La vida era difícil para las dos mujeres en el escarpado y desértico paisaje de Judá. Rut se ofreció para salir a buscar alimentos para Noemí, y le preguntó: "Te ruego que me dejes ir al campo, y recogeré espigas" (Rt. 2:2). Entonces salió a recoger su pan diario (en sentido literal), y el grano que segaba estaba en espigas, lo cual demandaba mucho más trabajo por parte de la amorosa y servicial Rut, antes de poder comerlo.

¿Y qué de ti? ¿Cómo puedes servir a los padres de ambas familias? Los papeles en la vida se invierten como una balanza. No importa cuál sea la edad de tus padres, su estado de salud, o el vigor del presente. Un día tú te encontrarás en la misma situación. Así lo describe el siguiente poema:

Alguna vez acariciaste mis cabellos grises y delgados.
Ahora yo acaricio los tuyos en el ocaso.
Observo tu mente tambalearse. Ya pasó su tiempo.
Alguna vez contemplaste cuidadoso,

mis pies temblorosos. Mi amor no ha cambiado.
Quédate conmigo, confía en mí. No haré reproches.
Por ti llegué hasta aquí, y ahora el tiempo lo invierte
todo.
Quédate conmigo en casa un poco más, y hazme bien.[1]

Querida mía, el propósito de nuestra vida es servir a todos sin distinción. En eso consiste la labor de una mujer conforme al corazón de Dios. Y una esposa conforme al corazón de Dios sirve primero a su esposo, y luego extiende ese círculo de amor que incluye a sus padres y a su familia política (¡y a los demás también!)

Rut atendió al consejo de su suegra. El relato de su vida nos permite ver a una nuera muy humilde y dispuesta a aprender. En una situación poco frecuente, la suegra de Rut le dio un consejo según las costumbres de la época en su nueva tierra (Rt. 3). ¿Cómo recibió Rut la instrucción de su suegra? Ella siguió plenamente su consejo, y Dios obró para el bien de las dos.

Mi hija Caterine posee un corazón semejante. Ella pertenece a una organización denominada "madres de preescolares", y su suegra, que vive a casi 5.000 kilómetros de distancia, es tutora de un grupo de esa organización en el ámbito local. Me fascina escuchar a Caterine cuando me comenta los sabios consejos que su suegra le da en lo concerniente a la maternidad y a la enseñanza de sus dos pequeños. Caterine, que en el presente vive en el ajetreo de la crianza, es como una esponja. Ella no solo es una mujer, sino una madre conforme al corazón de Dios. Ella aprecia cualquier consejo, por pequeño que sea, y escucha con atención lo que aprende, incluso de su suegra. Como ya lo dije, me encanta esa cualidad de Caterine, y mi oración es que tú también, sin importar la etapa de la vida en que te encuentres, escuches y sigas todo buen consejo que tus mayores te enseñan. Un proverbio dice: "El camino del necio es derecho en su opinión; mas el que obedece al consejo es sabio" (Pr. 12:15).

Rut bendijo a su suegra. ¡Qué vida tan dura y sombría soportaron estas dos mujeres fieles y valerosas! Y a la vez, ¡qué dicha! Rut se casó con un pariente, y más tarde tuvo un hijo. ¿Qué hizo entonces Rut? Lo puso en brazos de Noemí. Rut compartió su felicidad y su nueva vida familiar con la anciana a quien tanto respetaba, amaba, escuchaba y seguía. Además de eso, Rut hizo algo más para bendecir a Noemí.

Rut permitió que su suegra le ayudara. La Biblia relata esta escena que inspira ternura: "Y tomando Noemí el hijo, lo puso en su regazo, y fue su aya" (Rt. 4:16). ¡Me pregunto si Rut y Booz lograron tomar al bebé de los brazos a Noemí en algún momento! Es una escena conmovedora. Un bebé representa una nueva vida, y también comunica nueva vida. Nuestra querida Noemí gozó de esa bendición gracias a una nuera generosa, amorosa y amable que le permitió ayudar. Rut le confió su más grande tesoro a su suegra. ¡Qué nuera tan admirable!

Amiga mía, ¡hay un montón de lecciones que podemos aprender! ¿No te parece? ¿Compartes la preciosa vida de tus hijitos con los abuelos de ambas familias? ¿Procuras que tus hijos fortalezcan lazos con sus abuelos? ¿Recibes con beneplácito la ayuda de ellos, sin importar cuán anticuado parezca?

Ahora pasemos al otro lado de la historia. Si tú eres la abuela, ¿estás dispuesta a ayudar? ¿Manifiestas tu deseo de cuidar a los niños y de ayudarle a las madres jóvenes de tu familia, siempre tan atareadas? ¿Sigues el ejemplo de Noemí al servir y suavizar el camino de la mujer joven? Me entristezco cada vez que una joven mamá se me acerca en una conferencia y me comenta: "Admiro mucho la manera como usted se involucra en las vidas de sus hijas y su deseo de ayudarlas con los niños. ¿Cómo puedo alentar a mis padres y a mis suegros para que se interesen por nuestra familia?"

Querida lectora, tu familia necesita tu ayuda como mujer mayor, y según creo también es el plan de Dios. Admito que la distancia puede ser un obstáculo. Sin embargo, también creo que las abuelas debemos pagar el precio, sacrificarnos y hacer esfuerzos adicionales para recorrer distancias, invertir tiempo y colaborar. Hay muchas formas de manifestar nuestro amor e interés. En mi caso, les recuerdo a mis hijas mi deseo de ser la primera opción a la hora de buscar alguien que cuide a los niños. Trato de ayudarles cuando tienen una cita médica u odontológica, o deben ir a la peluquería, o salir de compras, o salir en la noche con sus esposos. Además, quiero compartir tiempo e influir en los corazones y en las vidas de los pequeñitos que conforman la siguiente generación.

¿Cómo puedes cultivar un corazón amoroso?

"Amor práctico". Hay dos motivos por los cuales le puse este título a la sección. El primero, que Rut y Noemí conformaban una "pareja inusual", y sin embargo, el amor pudo vencer todo obstáculo, por extraño que parezca. Cada una se esforzó, se sacrificó, sirvió, honró, respetó y deseó lo mejor para la otra. El lazo que las unió se perpetuó y fortaleció hasta el grado que nada podía romperlo. Cada mujer puso por obra esta instrucción divina: "Si es posible, en cuanto dependa de vosotros, estad en paz con todos los hombres" (Ro. 12:18).

El segundo motivo para titular esta sección "amor práctico" es que esta noble pareja compartió el paso por la cima de la dicha, al igual que el sombrío y hondo valle del sufrimiento, y al final vencieron juntas. ¿Cómo pudieron lograrlo? Cada una contó con alguien que le ayudó y de corazón la cuidó, ¡aunque eran parientes políticas! Estas mujeres desmintieron con su proceder las innumerables mofas respecto a la familia política, pues su amor práctico forjó el más fuerte de todos los lazos, que es el lazo familiar.

Habla el corazón

Admito que me gustaría ampliar este tema del amor a nuestra familia extendida. Después de todo, ni siquiera mencioné la relación entre hermanos; es decir, tus hermanos y los de tu esposo, y sus cónyuges. Bueno, ¡la lista sigue!

Sin embargo, me dispongo a presentar el reto final para nuestra vida. Si tú, tu madre, tu suegra, tu hija o tu nuera no han gozado de una buena relación hasta ahora, es hora de hacer los ajustes necesarios, al menos en cuanto dependa de ti. Por ahora, tú como mujer cristiana, casada y adulta, así como mujer y esposa conforme al corazón de Dios, debes desechar las pequeñeces que se derivan de malas relaciones con tu familia. De hecho, tienes a tu disposición todos los recursos de un Dios poderoso. Puedes usar el arma de la oración, las verdades de las Escrituras, sin mencionar la dulce fortaleza que te confiere el fruto divino del Espíritu Santo (Gá. 5:22–23). Esto significa que tú y yo, querida amiga mía, no tenemos excusa para conformarnos al estado actual de nuestras relaciones familiares.

Sigamos el ejemplo del apóstol que declaró: "dejé lo que era de niño", y "crezcamos en todo en aquel que es la cabeza, esto es, Cristo" (1 Co. 13:11; Ef. 4:15). Así debe obrar una esposa conforme al corazón de Dios. Ahora bien, la pregunta es: ¿Tú lo harás? ¡Puedo asegurarte que eso transformará tu matrimonio!

Detalles que transforman

1. Accede tanto como puedas.

Si se trata de una reunión familiar, de cuidar a los niños, de transportar a alguien, de cuidar una casa, o de ayudar a tus familiares, accede a hacerlo siempre que puedas. ¡No olvides que son familia! Por consiguiente, también deben trabajar en equipo. Cada buena obra es un eslabón más en la cadena que los acercará mutuamente hasta lograr la unidad de sus corazones.

2. Fija un presupuesto para las actividades familiares.

Supongo que has notado que algunos parientes se excusan para no asistir a las reuniones familiares arguyendo falta de dinero, y sin embargo comen fuera de casa, en restaurantes de comidas rápidas, compran televisores gigantescos, se suscriben a servicios de la red informática o programas por cable, y muchos más gastos innecesarios. Si valoramos algo, siempre hallaremos la manera de darle cabida en nuestra vida. La familia debería ser importante, lo suficiente para que hagamos sacrificios de tiempo y de dinero. Por esta razón, fija un presupuesto (ver el capítulo 5) de tal modo que puedas "comprar" tiempo con tu familia. Una ley de las buenas relaciones dice: "Entre más tiempo pasen juntos, mejores amigos serán".

3. Visita a tus padres.

Ya sabemos que en el momento de casarnos es necesario dejar a nuestros padres y unirnos a nuestro esposo (ver el capítulo 2). No obstante, también debes honrar a tus padres. Una buena práctica que te permitirá expresarles amor y aprecio es visitarlos o invitarlos a tu casa. Claro que eso requiere planificación, trabajo, tiempo, y gastos de tu parte. Sin embargo, ganarás en el sentido de construir una relación cada vez más sólida. Así pues, toma una agenda, llama e invita a tus padres y a tus suegros. ¿Cuál es el momento más conveniente para que ellos te visiten? ¿O para que tú los visites? ¿Qué fechas son favorables para todos? Persevera hasta que logres tener un plan concreto. Y no descartes hacer una salida familiar durante un fin de semana. Da lo mejor sin importar lo que requiera en tiempo y en dinero. ¡Te alegrará haberlo hecho a medida que los años pasen y atesores buenos recuerdos!

4. Permanece en contacto.

Ya eres una experta en lo que atañe a tu casa, tu esposo y tus hijos. Ahora, pon a trabajar tu cabeza para idear todas las maneras en que puedes mantener el contacto con ambos lados de la familia, con hermanos, sobrinas y sobrinos. Después de todo, son tuyos, Dios te los dio. Por tanto, Él les ha delegado una responsabilidad mutua de cuidarse. Así que usa tu teléfono portátil que tiene tantos minutos disponibles, y llama a tu familia con frecuencia. Pon a trabajar tu conexión de la red informática para enviarles correos electrónicos. Envía fotografías, noticias, y cartas familiares. También comparte anécdotas, resultados de competencias deportivas, peticiones de oración, lo que sea para permanecer en contacto.

5. Toma muchas fotografías.

Lo siento mucho, pero no puedo evitar dar este consejo. Parece tan obvio, y sin embargo muchos momentos en familia pasan sin siquiera grabarlos como un recuerdo. Para evitarlo, lleva contigo una cámara fotográfica, en especial cuando sabes que se presentará una ocasión en familia. Pídele a un extraño que tome una fotografía con tus familiares. Toma una fotografía de tus padres abrazados y sonriendo. Y otra con tus hermanos. ¡Organiza a tus sobrinos y dispara! No permitas que un solo momento en familia pase sin dejar huella.

6. Ora por tu familia.

Es imposible olvidar u odiar a una persona por quien se ora. Como esposa conforme al corazón de Dios, debes proponerte en tu corazón la meta de orar con fidelidad por los miembros de tu familia, ¡y de tu familia política! En un cuaderno, consagra una página a las peticiones de cada persona. Luego, anota las fechas de cumpleaños, los aniversarios, las comidas preferidas, los pasatiempos y las colecciones que cada uno realiza. Las grandes empresas buscan por todos los medios obtener la información de sus clientes, y la actualizan y archivan. ¡Seguro que puedes hacer lo mismo por la familia!

9

Trabajar en tu profesión

Las mujeres asimismo sean... fieles en todo.
1 Timoteo 3:11

¿Cómo es una mujer conforme al corazón de Dios? Es una mujer que busca con todas sus fuerzas hacer la voluntad de Dios (Hch. 13:22), al igual que el rey David ya anciano. Y eso, mi querida amiga y compañera que andas en pos del corazón de Dios, es la meta de este libro que señala nuestra "profesión" de esposas conforme al corazón de Dios. Eso significa conocer la voluntad de Dios con el propósito de cumplirla. Al respecto, alguien afirmó: "Conocer la voluntad de Dios es el mayor tesoro del hombre. Hacerla, constituye el mayor privilegio de la vida".[1]

Hacer la voluntad de Dios

Antes de abordar el tema del trabajo, quisiera recordarte que a lo largo de este libro hemos procurado descubrir la voluntad de Dios para una mujer y para una esposa. Hasta el momento hemos concluido que las prioridades establecidas por Él para nuestra vida son:

Amar a Dios. Una esposa conforme al corazón de Dios es ante todo una mujer cuyo corazón le pertenece a Dios. Él no solo es su prioridad, sino su máxima prioridad y el centro de toda su devoción. Como cristiana, consagra tiempo para nutrir su relación con Dios. Su amor por Dios y por su Hijo Jesucristo no tienen paralelo en su vida. Se deleita en guardar el primer y más grande mandamiento de Dios: "Amarás al Señor tu Dios con todo tu corazón, y con toda tu alma, y con toda tu mente" (Mt. 22:37–38). Esta relación de amor y consagración total al Señor, le permite tener una provisión rica y profunda de la que puede echar mano para atender a las demás responsabilidades y relaciones que Dios le ha confiado.

Amar a su esposo. Como esposa, una mujer casada guarda las prioridades de Dios amando a su esposo (Tit. 2:4). Después de Dios, ella entrega su ser al compañero de su vida. Dedica tiempo a cultivar la mejor relación de amigos con su esposo. Además del tiempo que pasa con Dios en primer lugar, invierte lo mejor de su tiempo, sus fuerzas, su amor y su devoción a edificar un matrimonio cada vez mejor. Enfoca sus esfuerzos en su matrimonio y en su esposo, lo cual comprende mejorar su vida, servirle, y procurar vivir en armonía. Ella busca, con la ayuda de Dios, cumplir con las funciones que Él le ha encomendado como esposa, que son ayudar, seguir, respetar y amar a su esposo.

Amar a sus hijos. En su calidad de madre, y como alguien que desea hacer la voluntad divina, la mujer de Dios procederá a dedicar el tiempo necesario para nutrir la relación con sus hijos, sin importar sus edades (Tit. 2:4). Su vida es un compromiso de por vida a ser una madre amorosa y dedicada, que participa en la vida de sus hijos y está siempre presente. Es una madre que educa a sus hijos y en ellos invierte lo mejor de sí. Esa es su misión, y otra de sus pasiones. Cómo no hacerlo... ¡es una madre conforme al corazón de Dios!

Amar su casa. Para una esposa conforme al corazón de Dios, su hogar es lo que sigue en la lista de prioridades (Tit. 2:5). Ella enfoca sus energías en edificar, cuidar y establecer un lugar donde sea posible alimentar su matrimonio y su familia. Ella ama su casa (¡y su familia!), se alegra estando allí, la embellece con su laboriosidad, ¡y es "la reina de la fiesta" en lo que se refiere a su dulce hogar! Con cariño mima su casa y a todos los que en ella se encuentran.

En relación con la mujer que se centra en cumplir estas cuatro prioridades asignadas por Dios, alguien comentó: "La mujer que funda y sostiene un hogar, y bajo cuyas manos los hijos crecen para convertirse en hombres y mujeres de bien, es una creadora a quien solo Dios supera".[2]

Amar y servir al pueblo de Dios. Una mujer que sueña con ostentar el título de "mujer conforme al corazón de Dios", y poseer dicho corazón, goza de una relación personal con Jesucristo. Esa relación le concede el privilegio de pertenecer a la familia de Dios, al Cuerpo de Cristo, que es la Iglesia. Como cristiana, ella ha recibido dones de Dios "para provecho" (1 Co. 12:7), es decir, para bendecir a la Iglesia universal, y en particular, a la iglesia local a la cual asiste. Este servicio a Dios y a su pueblo es un deber y una responsabilidad que tiene todo cristiano, y también un privilegio ineludible. Dicho servicio no es una opción.

¡No debemos olvidar las maravillosas bendiciones que recibe una mujer obediente al plan de Dios en su servicio al prójimo! Se precisaría un capítulo entero para hablar de ellas, pero por el momento atiende a lo siguiente: Nuestro servicio al pueblo de Dios a través de la iglesia es de suma importancia. Es una tarea que Dios nos ha encomendado y por consiguiente precede a cualquier trabajo, carrera o profesión.

Ya que tenemos presentes las prioridades que Dios nos ha asignado, podemos formularnos algunos interrogantes y proponer algunas respuestas.

Preguntas y respuestas

Sé muy bien que muchas mujeres trabajan. De hecho, creo que según las más recientes estadísticas, más del 50 por ciento de las mujeres casadas trabajan. Soy una mujer realista, y permanezco en contacto permanente con miles de mujeres. Recibo una gran cantidad de cartas y de correos electrónicos, hablo en persona con mujeres que trabajan y que viven muy ocupadas, y con frecuencia participo en sesiones de preguntas y respuestas. Gracias a mi experiencia personal he podido conocer el corazón y la vida de las mujeres de Dios, y quisiera darte algunas ideas para meditar, sugerencias para examinar tu corazón, y por último, algunos motivos de oración.

Hay dos cartas que de manera especial tocaron mi corazón en relación con este tema. En una de ellas, una preciosa mujer preguntaba: "¿Cómo es posible que una mujer que trabaja todo el día mantenga en orden sus prioridades?". Otra hermana en Cristo escribió: "¿Qué le aconseja a una mujer que debe trabajar y luego llegar a casa para limpiar, cocinar, disciplinar a los hijos...?".

Es evidente que no se trata de preguntas fáciles, y que cada mujer formuló la suya desde un escenario diferente, describiendo con esmero los detalles para dar una idea clara de sus condiciones de vida. ¿Cómo respondí esas cartas?, y ¿cómo puedes aplicar esas verdades a tu situación personal? Te pido que dediques un momento a responder las preguntas que siguen. Hacerlo te ayudará a entender y evaluar tu propia situación.

1. ¿Por qué trabajo? Hacerte esta pregunta es como si te examinaras frente al espejo. Hay mujeres que trabajan porque sus esposos así lo desean, y hay otras que lo hacen por su propia voluntad. Incluso he hablado con mujeres cuyos esposos no desean que ellas trabajen, pero ellas insisten en hacerlo. Tu respuesta a esta pregunta te ayudará a tener más claridad en cuanto a tus motivos y razones para tener un empleo.

2. ¿Le he explicado a mi esposo mis deseos e inquietudes? Si en tu caso trabajas porque tu esposo así lo dispone o insiste en que lo hagas, debes orar con diligencia y

pedirle sabiduría a Dios para hablar con tu esposo (ver #9). Debes presentarle tu caso con mucha delicadeza e inteligencia (mas no dominada por tus emociones), y exponer las razones justas para quedarte en casa. Es necesario que hagas uso de todas las buenas habilidades comunicativas (ver el capítulo 3). Sírvete de ellas en el momento de hablar acerca de las prioridades. Y asegúrate de seguir el ejemplo de Ester (ver Est. 5): ¡Elige el momento oportuno para presentar tu caso!

3. ¿Ya agoté mis opciones? ¿Hay alguna que me permita quedarme en casa y seguir aportando al ingreso familiar? ¿Podría contemplar otra posibilidad como: Administrar un negocio desde mi casa, vender algún artículo, iniciar un pequeño negocio en la red informática, o tal vez repartir diarios? (conozco por lo menos a doce mujeres que reparten el diario temprano en la mañana al tiempo que escuchan enseñanzas bíblicas, memorizan versículos y oran por sus familias). ¿O tal vez puedas proponerle a tu jefe que te permita trabajar desde tu casa? (¡Muchas de mis lectoras han recibido una sorprendente respuesta afirmativa a su propuesta!)

¿Qué tal te suena ahorrar más y gastar menos? ¿Cuánto dinero podrías ahorrar si cocinas en vez de comer fuera? ¿Puedes unirte a una cooperativa para ahorrar dinero? ¿En realidad necesitas renovar tu vestuario? ¿Hay que comprarles a los niños los juguetes de moda? ¿Puedes arreglártelas con las herramientas que ya tienes?

Escribí más en detalle acerca de las alternativas para un trabajo de tiempo completo en mi libro acerca de la mujer en Proverbios 31.[3] Dicho libro estudia a fondo el contexto de la vida de la admirable mujer descrita en Proverbios capítulo 31. "La mujer de Proverbios 31", como se le llama, tejió con virtuosismo una vida que equilibraba las prioridades, la laboriosidad y la productividad. Con base en su vida diaria, me propuse ofrecer consejos bíblicos y prácticos para mujeres como tú, ya sea que prefieras estar en casa o que trabajes fuera del hogar. Te recomiendo sin reservas este libro para que tengas una idea más clara de este ejemplo insuperable para cada mujer y esposa conforme al corazón de Dios.

4. ¿Me he propuesto metas que me permitan dejar mi empleo? Me refiero a metas como cancelar deudas, pasar a un trabajo de medio tiempo, vender elementos innecesarios, establecer un presupuesto estricto (¡o más estricto!), disminuir los gastos, etc. En vez de descartar la idea de quedarte en casa, tú y tu esposo podrían proponerse como meta que tú dejes tu empleo por fuera. Tan pronto esto se convierta en un objetivo, pueden avanzar juntos paso a paso a fin de que un día el sueño se haga realidad.

> *Si eres una mujer trabajadora debes estar convencida de que cada minuto es oro, y vivirlo de esa manera ¡pues es verdad!*

5. ¿Qué puedo (o debo) desechar de mi vida? Si tu esposo insiste en que trabajes, es indispensable organizar tu vida. Deberás controlar tus salidas, tus compromisos, tu participación en otras actividades, y tus obligaciones (incluso las

que persiguen una causa justa) que pueden estorbar el manejo de tu vida hogareña y las relaciones que allí debes alimentar.

6. ¿Cómo puedo manejar mejor mi tiempo? Esta es una pregunta que toda mujer debería formularse a diario. Sin embargo, para la mujer que trabaja, ¡esto es una obligación! Para gozar de una buena calidad de vida que transcurra sin tropiezos, deberás convertirte en una experta en administración del tiempo. Lee cuanto puedas acerca del tema. Toma todos los atajos posibles. Aprende los trucos que prometen lograr más en menor tiempo, y trabajar más con sagacidad que con esfuerzo. Puesto que eres una mujer trabajadora, debes estar convencida de que cada minuto es oro, y vivirlo de esa manera, ¡pues es verdad!

7. ¿Estoy descuidando mi relación con el Señor? Debes recordar que si trabajas, tu tiempo con Dios es lo que te dará las fuerzas para cumplir con tus obligaciones. Por lo tanto, asegúrate de pasar un buen tiempo con Dios en oración y estudio bíblico. Eso hará de ti una mujer más dulce y paciente, y avivará el amor por tu familia, a quien estás llamada a servir cada día al regresar a casa.

8. ¿Mi perspectiva del asunto es correcta? Si trabajas, deberías considerar tu empleo simplemente como "una actividad más". No es tu vida. Es evidente que ocupa gran parte de tu tiempo, pero no es tu prioridad ni tu misión en la vida. La verdadera misión que Dios te ha encomendado te espera en casa. La verdadera plenitud proviene de las fuertes y perdurables relaciones que construyes justo debajo de tu techo. La familia dura toda la vida. Un empleo no.

9. ¿En realidad oro con diligencia y fervor a Dios para que obre en el corazón de mi esposo? Amiga mía, ¿crees que Dios en verdad escucha y contesta la oración? Pídele que toque el corazón de tu esposo. Asimismo, que te revele ideas y soluciones para quedarte en casa. Por último, ora para que te conceda su gracia para cumplir con tus múltiples responsabilidades.

10. ¿Me esfuerzo por ser fiel a las prioridades de Dios para mi vida? Toda mujer y esposa conforme al corazón de Dios debe admitir que ningún trabajo o circunstancia pueden contradecir la Palabra de Dios respecto a nosotras como mujeres casadas, la cual nos ordena amarle a Él, a nuestro esposo, a nuestros hijos, nuestro hogar, y amar y servir a su pueblo. Es un imperativo que sigamos los principios divinos en estos aspectos esenciales.

Un testimonio

Yo crecí en una familia maravillosa donde había mucho movimiento y agitación, y en el que todos los hijos empezaron a trabajar desde muy jóvenes. En mi caso, empecé a trabajar en mi "profesión" cuidando las casas de los vecinos y a sus mascotas durante sus vacaciones. Luego trabajé como niñera en el barrio. A los 16 años conseguí mi primer empleo (después del horario escolar) en una ferretería local ayudando en la contabilidad a archivar los recibos de las ventas. En Navidad siempre trabajaba empacando regalos. Durante los veranos siempre trabajaba mucho para ahorrar junto con mis padres para el pago de mis estudios universitarios. Una y otra vez debía usar mi pequeña hoja de vida que incluía múltiples trabajos ocasionales y de medio tiempo. Y cuando por fin entré a la universidad, trabajaba después de las clases, durante los fines de semana y en el verano.

Entonces conocí a Jim. ¿Y sabes qué? Él había vivido una experiencia semejante. Jim había iniciado su larga lista de empleos a los 14 años, descargando sandías de un camión en una tienda local. Así fue como los dos, siendo muy trabajadores, nos casamos y seguimos el mismo ritmo hasta que culminamos nuestros estudios universitarios. ¡Y lo logramos! Nos graduamos de la universidad el mismo día. Quisiera que vieras la única fotografía que tomamos aquel día. Estamos ambos de pie, con los diplomas en la mano, un par de ojeras negras, la apariencia demacrada y la sonrisa más grande que puedas imaginar. ¡Sí, lo logramos!

Para entonces, Jim y yo ya habíamos estado casados durante un año. ¡Qué año tan tremendo! Posteriormente nos movimos doquiera que la carrera de Jim como vendedor químico–farmacéutico nos llevara. En todo lugar al que nos trasladamos, yo seguí trabajando. Durante unos meses trabajé registrando la producción de un pozo para una compañía petrolera. Luego enseñé en una escuela rural durante nueve meses. En esa época Jim y yo pudimos invertir nuestras ganancias y ahorros para comprar nuestra primera casa pequeña. Entonces vino otro traslado, y yo trabajé en una empresa de seguros controlando los pagos de grupos aseguradores. Y luego trasladaron otra vez a

Jim, y terminé como secretaria ejecutiva de un educador que dirigía un centro de retiro intelectual.

Sin embargo, hay algo que debo decirte. A pesar de mis estudios universitarios, los múltiples empleos por doquier, y los traslados y mudanzas, yo sabía que el día en que nuestro primer bebé naciera, se acabaría el trabajo fuera para mí. Y así fue. El día en que llegó Caterine, se acabó mi vida "profesional". Y trece meses más tarde llegó su hermana Courtney.

¿Trabajé alguna vez desde entonces? Mi respuesta es sí. Para ser exacta, trabajé dos veces. La primera fue cuando mis dos hijas estaban en el colegio. Enseñé en el preescolar, dos mañanas a la semana durante nueve meses, a cambio de la mitad de los derechos de matrícula para mis hijas. Y la segunda ocasión se presentó años después cuando ya estaban en el bachillerato, usaban frenillos, ya conducían auto… bueno, ya imaginarás la escena ¡y los gastos! Trabajé una corta temporada llevando la contabilidad, dos noches a la semana en mi casa. Después que las niñas se acostaban, yo me sentaba en una mesa, sacaba la caja de papeles desparramados, ponía música, trabajaba durante unas horas, y luego dejaba la caja lista junto a la puerta para que la recogieran al día siguiente.

> *Tu hogar, tanto el lugar como las personas que lo habitan, es tu prioridad frente a cualquier otra profesión.*

De modo que sí trabajé en dos ocasiones, pero siempre cuidando y respetando nuestro plan familiar. Con todo, el objetivo siempre fue que nadie (esposo, hijos, hogar o ministerio) resultaran perjudicados y que (¡ojalá!) todos obtuvieran algún beneficio.

Debo reconocer que soy una mujer hogareña. ¿Por qué? Porque mi casa es el lugar donde está mi esposo, y donde mis hijas vivieron en su momento. Es donde está mi hogar, y el lugar donde durante tantos años se han gestado los preparativos necesarios para enseñar la Palabra de Dios a las mujeres de mi iglesia (que hace parte de mi servicio al pueblo de Dios). Porque allí estuvo, allí está y allí estará mi corazón. Por consiguiente, procuro hacer todo en mi casa y desde mi casa. En este momento, por ejemplo, escribo en mi casa. Y si viajo para dictar una conferencia, Jim y yo vamos juntos. Y si es él quien viaja, yo lo acompaño siempre que puedo.

Yo no escribo a expensas de mi matrimonio, de mi familia o de mi hogar. No. Busco a diario alimentar mi relación con Dios, con Jim, con mis hijas casadas y mis nietos, así como amar, cuidar y embellecer mi casa, y servir al Cuerpo de Cristo a través de mi ministerio como autora y conferencista. Lavo la ropa, cocino, arreglo la casa, hago diligencias, y luego escribo. Mis ojos están puestos en mi hogar, mi corazón también, y mi anhelo más profundo es cumplir con las prioridades que Dios me ha ordenado como mujer casada (lo cual significa que mi mayor temor es fracasar en ello).

Así pues, te pregunto, al igual que yo misma me cuestiono con frecuencia: ¿Dónde está tu corazón? ¿En tu hogar? ¿En tu dulce hogar? Toda mujer, y en especial aquella que trabaja en una profesión, debe preguntar y responder estos interrogantes a diario. Como puedes ver, ser una mujer y una esposa conforme al corazón de Dios es en todo sentido un asunto del corazón, de tu corazón.

Habla el corazón

Sé que la situación de cada mujer es diferente. Muchas trabajan fuera de casa, y muchas no. Sin embargo, toda mujer casada está llamada a respetar sus prioridades, que en el caso de una mujer conforme al corazón de Dios, se trata de las prioridades divinas. Por lo tanto, siempre debemos recordar lo siguiente: Hacer la voluntad de Dios no tiene precio. Jamás el pago, ni el salario, ni los beneficios derivados de un empleo podrán reemplazar una vida conforme a la voluntad de Dios. El trabajo que Dios te ha encomendado es ayudar a tu esposo, alimentar tu relación con él, amar y cuidar a tus hijos, y encargarte de la labor de edificar tu casa. Quizá tengas un empleo, pero tu hogar (tanto el lugar como las personas que lo habitan), será siempre la prioridad y estará por encima de cualquier otra profesión.

Amada mía, hemos estudiado las prioridades de una mujer en este capítulo y a lo largo del libro. Hemos buscado el consejo de Dios para nosotras como esposas. Las prioridades que hemos estudiado hasta el momento fueron reveladas en la Biblia y son inmutables. Proceden de "la palabra del Señor [que] permanece para siempre" (1 P. 1:23), y así la entendemos. La Biblia dice: "El consejo de Jehová permanecerá para siempre; los pensamientos de su corazón por todas las generaciones" (Sal. 33:11). Eso significa que no importa lo que queramos, ni lo que la sociedad nos imponga, ni lo que otros deseen para nosotras, pues en nuestra calidad de mujeres conforme al corazón de Dios debemos desear lo que Él desea. Podemos ejercer una profesión, pero ante todo debemos anhelar cumplir con la voluntad de Dios en lo concerniente a las prioridades que Él en su sabiduría y soberanía ha dictado para nuestra vida.

¿Dónde está tu corazón?

(Una observación antes de responder: Si tienes dificultades para aceptar, desear y apropiarte de la voluntad de Dios para tu vida como mujer casada, entonces "¡pídele a Dios que te conceda el deseo para estar dispuesta!")[4]

Detalles que transforman

1. Evalúa tus prioridades a diario.

Como cristiana, todo cuanto haces debe hacerse con excelencia, y eso incluye tu trabajo. En parte, eso significa que debes verificar continuamente tus prioridades. Hacer dicho examen a primera hora de cada mañana te permitirá mantener en orden tu matrimonio, tu familia, tu hogar y tu trabajo. Te ayudará a recordar que según la gran perspectiva de Dios, tu matrimonio, tu familia y tu hogar son más importantes que tu trabajo. Te ayudará a recordar que como esposa cristiana, el tiempo que pasas con tu esposo en casa antes y después de trabajar, ¡es el mayor y más importante trabajo del día!

Ten cuidado de llegar a valorar más tu empleo que tus labores en casa, cuyo propósito es construir relaciones duraderas y crear un hogar de bendición para ti y para tu familia. El trabajo que haces por fuera y que ellos nunca ven, jamás cambiará sus vidas. En cambio, guardarán para siempre en su corazón el recuerdo de una madre amorosa y atenta, ¡y la seguridad de haber ocupado el primer lugar en su vida!

2. Procura organizar el tiempo matinal.

Si el tiempo que compartes en casa con tu esposo

constituye una prioridad, entonces procura organizar la mañana de tal modo que puedan conversar, nutrir la relación, compartir un desayuno, y orar juntos. Si alcanzas a limpiar la cocina, te sentirás mucho mejor después. Si tienes que llevar a los niños al colegio, entonces ellos también necesitarán tiempo para conversar, recibir consejo, desayunar, y orar. Emplea en casa las mismas destrezas que desarrollas en tu trabajo. Por ejemplo, establece una organización a pequeña escala y elabora un plan detallado.

¿Qué tareas debes realizar la víspera para evitar conflictos a la mañana siguiente, fruto de la desesperación de llegar tarde o de no encontrar lo que se busca? ¿Tal vez disponer la mesa para el desayuno? ¿Alistar el cereal, las vitaminas o el azúcar? ¡Y no olvides tener a la mano una Biblia y el libro devocional! Organiza los libros del colegio, los maletines y portafolios junto a la puerta. Pon a la vista las llaves del auto, el teléfono portátil, el bolso y la cartera. Si debes alistar el almuerzo para alguien, prepara lo que puedas y déjalo sobre el contador. Pon a funcionar el lavaplatos, saca la basura, y por supuesto duerme bien. ¡Eso es bastante! ¡Pero recuerda que todo lo que prepares en la víspera representa una inmensa ganancia la mañana siguiente!

3. Emplea con sabiduría tu hora de almuerzo.

Si trabajas en una jornada de ocho horas, debes saber que esas horas le pertenecen a tu patrono. Sin embargo, la hora de almuerzo te pertenece a ti. Y si tú inviertes ese tiempo con sabiduría, se puede convertir en tu mejor oportunidad para estar al día en todos los asuntos, e incluso llegar más temprano a casa.

¿Qué puedes hacer en una hora de almuerzo? Puedes pagar facturas, hacer diligencias o compras, recoger tu ropa de la lavandería, hacer algunas llamadas importantes de índole personal, cortarte el cabello, adelantar un curso de educación continua, escribir cartas, hacer tu tarea de estudio bíblico, asistir a una cita odontológica. Algunas mujeres incluso aprovechan para hacer ejercicio. Piensa en todo lo que puedes hacer en esas cinco horas de almuerzo semanales que son tuyas, de tal forma que tus noches y tus fines de semana puedan consagrarse a los momentos inolvidables que pasas en familia.

4. Cuando estás en casa, invierte allí todo tu ser.

¡Ay, hogar dulce hogar! Por fin se acabó tu jornada laboral. Ahora tu "trabajo" consiste en asegurarte que así sea. ¡Deja el trabajo en la oficina! Deja allá todas las discusiones, las emociones, la confusión, o cualquier otro sentimiento adverso o decepción que hayas vivido en el trabajo. Tu esposo merece toda tu atención al llegar a casa. Él es la persona más importante en tu vida. Merece que alguien lo escuche, que le sirva una deliciosa comida, y le brinde una noche grata.

Por consiguiente, procura dar lo mejor de ti al llegar a casa. Ora en tu camino de regreso a casa. ¡Dale gracias a Dios porque tu día de trabajo terminó! Evita repetir el mismo tema o el último chisme de la oficina. Ante todo eres esposa (y también madre y ama de casa), y en segundo lugar empleada. Recuerda entonces que al llegar a casa ¡debes invertir allí todo tu ser! Entrega lo mejor de ti. Disfruta al máximo de tu familia. Saborea cada instante de gozo que te brindan tu hogar y tu familia. ¡Ay! ¡Hogar dulce hogar!

10

Divertirse juntos

Levántate, oh amiga mía, hermosa mía, y ven
CANTAR DE LOS CANTARES 2:13

En el capítulo anterior mencioné que Jim y yo somos muy trabajadores. ¡Eso está bien! Quiere decir que nos esforzamos por ser meticulosos, constantes y disciplinados. Sin embargo, esto también encierra una desventaja. ¡Adivina cuál! Bueno, permíteme responder. El inconveniente es que nos resulta difícil parar y dedicar tiempo para divertirnos en pareja. Si Jim y yo no somos cuidadosos ¡nos dedicamos de lleno al trabajo y aplazamos toda diversión! Por esa razón, así como aprendimos a perseverar en nuestro trabajo y en el cuidado del hogar, hemos aprendido a tener presente la necesidad de divertirnos (¡y seguimos en ese proceso!)

¿Cómo empezó todo?

Cuando conocí a mi amado Jim, el apodo que le habían puesto sus amigos de la universidad era "el sonriente

Jim George". Reía con facilidad, tenía una mirada radiante, una gran sonrisa, y una actitud despreocupada y audaz frente a la vida. ¡Nos divertíamos mucho juntos! Claro, gran parte de nuestro tiempo lo pasábamos en la biblioteca y escribiendo nuestros informes y ensayos. No obstante, también disfrutamos espectáculos en vivo en la universidad de Oklahoma (nuestra alma máter) los sábados en la noche, pasamos tiempos con nuestros amigos, participamos en juegos de bolos, salimos a comer, y además hablábamos durante horas por teléfono. Nunca nos aburríamos, y la diversión caracterizaba nuestras actividades. Todo estaba impregnado de diversión, incluso el estudio y el trabajo responsable.

Después que "sonriente Jim" y yo nos casamos, aumentó la diversión. Ya casados, podíamos salir de paseo durante un fin de semana, salir a esquiar, jugar en el parque de diversiones, pasar la noche en Oklahoma cada vez que Jim asistía a sus reuniones de la reserva del ejército. Juntos esquiamos, navegamos, y jugamos tenis. Además, tomamos clases nocturnas en la universidad local donde aprendimos fotografía básica y ajedrez. Aprendimos a desarmar y renovar muebles viejos para amoblar nuestro pequeño apartamento, e incluso terminamos un proyecto para diseñar y construir armarios, entre muchas otras actividades. Nunca nos aburrimos.

Ese fue el comienzo de nuestra maravillosa amistad y de nuestro matrimonio. Hacer memoria de aquellas aventuras "divertidas", y de los buenos tiempos que compartimos me reanima. Ahora, te sugiero que hagas lo mismo.

Concéntrate por un momento en recordar (¡de verdad!) los comienzos de la relación con tu esposo. ¡Te aseguro que evocar esos momentos placenteros y divertidos encenderá como una chispa la diversión en el presente! Es probable que tu relación matrimonial haya tenido un comienzo similar al nuestro, con el entusiasmo y la diversión característicos de dos enamorados sin remedio. Quizá ustedes dos también sostenían prolongadas conversaciones, y deliraban de felicidad.

Entonces… ¿qué pasó con la diversión?

Si tu experiencia coincide con la de muchas parejas, la vida real empezó demasiado rápido para ustedes. Después de la luna de miel, la realidad empezó a disipar la diversión que tanto los caracterizaba. De repente la emoción sucumbió ante realidades como la presión laboral, el ingreso mensual, el pago de facturas, el apremio de lograr comunicarse (¡lo cual condujo a algunas discordias!), las relaciones familiares, y en fin… tú sabes a qué me refiero. Tal vez puedas identificarte con algunas de estas realidades que irrumpieron en nuestro matrimonio, a saber:

La responsabilidad. Es indudable que los rigores de la vida pueden coartar la diversión en pareja. Es un hecho que con la edad, la vida se torna más seria. Asimismo, es un hecho que debemos "crecer", madurar, dejar atrás lo pueril (1 Co. 13:11), y asumir responsabilidades cada vez mayores. Como cristianos, tenemos un propósito para nuestra vida y un servicio para Cristo que nos obliga (2 Ti. 1:9). Por otro lado, estamos llamados a ser diligentes y fieles en todo (1 Ti. 3:11). Con el fin de honrar y dar testimonio de Cristo, debemos desechar toda indolencia, dilación, y negligencia en lo que hacemos (Tit. 2:5). También debemos hacer todo "de corazón, como para el Señor" (Col. 3:23), "porque a Cristo el Señor [servimos]", en todo (v. 24). Es indiscutible que dichas obligaciones reales de la vida diaria son muy serias, y también constituyen un reto.

Los asuntos económicos. Toda pareja no solo necesita obtener ingresos, sino vivir de ellos. Al cuidado de tu relación con Dios y con tu esposo, y a tu labor doméstica, se suma la presión de los asuntos económicos. ¡Casi el cien por cien de las parejas recién casadas tienen más días que dinero en el mes! ¡Y eso acarrea presiones! La tensión económica acarrea tensión matrimonial, y esto afecta el esparcimiento familiar. Con toda seguridad no tardamos en preguntarnos: ¿Qué pasó con la diversión? ¿Eso es todo lo que ofrece el matrimonio?

Los hijos. Ningún padre cuestionaría la verdad bíblica que considera a los hijos como una bendición. La Biblia dice: "He aquí, herencia de Jehová son los hijos", y "Bienaventurado el hombre que llenó su aljaba de ellos" (Sal. 127:3,5). ¡Claro que sí! ¡Son una bendición! Sin embargo, los hijos prueban el límite de resistencia de sus padres. Su llegada incluye una larga lista de responsabilidades adicionales que encierra la tarea de cuidar a un ser humano completamente indefenso, y que les exige a los padres un mayor crecimiento y madurez. Todo esto produce...

Agotamiento. Supongo que al igual que Jim y yo, te levantas temprano y te acuestas tarde. Procuras resolver asuntos diversos y cumplir con las obligaciones de la vida, ¡sin hablar de los hijos que se añaden a tu matrimonio! En consecuencia, ambos terminan agotados (término que significa estar "gastado, consumido, agotado de provisiones, ingenio y paciencia, cansado en extremo")... ¡y eso no es divertido!

Otro hecho ineludible es el siguiente: Cualquiera sea tu edad o el tiempo que lleves casada, sabemos que una esposa, madre y ama de casa conforme al corazón de Dios, ¡está siempre muy ocupada! A decir verdad, no he visto que mi lista de obligaciones disminuya en número ni en intensidad con el paso de los años. Me parece más bien que ocurre lo contrario. Tan pronto culminaron mis años de crianza y que nuestras hijas se casaron, Jim y yo afrontamos el decaimiento y muerte de nuestros padres. Aunque nuestras responsabilidades menguaron en el aspecto de la paternidad, en seguida aumentaron, prorrumpieron y se multiplicaron ¡con la llegada de dos yernos y cinco nuevos bebés a la familia! Oh, no. ¡Nuestra vida no se ha aquietado! Por eso, no nos sorprende a veces preguntarnos: ¿Qué pasó con la fabulosa diversión que solíamos tener juntos?

El desánimo. Cada día trae gozo (Sal. 118:24). Y cada amanecer, una nueva esperanza (Sal. 30:5). No obstante, cada día también trae sus pruebas (Stg. 1:2). Si sumas las responsabilidades, los hijos, el agotamiento, y a eso añades algunos fracasos en cualquiera de esos aspectos, es fácil desanimarse. Si una mujer y esposa no maneja con cuidado el desánimo, podría llegar a deprimirse. Cada vez que hablo acerca de mi libro titulado "Amar a Dios con toda tu mente"[1] (en el cual comento mi lucha con la depresión y las verdades bíblicas que siguen dándome la victoria hasta el presente), menciono las siguientes estadísticas:

- Algún tipo de depresión afecta a más de 17.5 millones de americanos cada año.
- La edad máxima promedio de quienes la padecen está entre los 25 y los 44 años.
- La depresión puede afectar a cualquier persona, sin distinción de antecedentes. No obstante, afecta a las mujeres dos veces más que a los hombres.[2]

¿Cuáles son los factores de riesgo que pueden conducir a la depresión? Según las investigaciones, "las personas que tienen un matrimonio infeliz son las más vulnerables" a la depresión. Aparte de eso, "la pérdida de un empleo y los reveses económicos de consideración" también conducen muchas veces a la depresión. (¿Has notado que muchos de los temas que hemos tratado en este libro apuntan a la necesidad de alimentar un matrimonio conforme al corazón de Dios?) Por otro lado, toda mujer sabe que la melancolía y la tristeza,[3] pueden terminar fácilmente en estados depresivos que minan no solo la diversión sino el gozo de Dios en su vida y en su matrimonio.

Recuperar la diversión

¿Cómo podemos impedir que estas realidades nos roben el gozo? ¿Cómo podemos recuperar la diversión en nuestro matrimonio? ¿Cómo puedes sembrar la risa y la jovialidad, y encender la chispa en tu hogar y en tu corazón?

En primer lugar, debes comprender que el gozo empieza en tu corazón. La Biblia lo explica así: "El corazón alegre hermosea el rostro" (Pr. 15:13). En otras palabras, tus pensamientos y actitudes, mas no tus circunstancias, lo determinan todo. El interrogante clave es: ¿Cuáles son tus pensamientos? ¿Estás alimentando recuerdos pasados que forman un pozo de amargura o decepción? ¿Estás avivando un espíritu crítico, o triste? Un erudito hizo el siguiente comentario relacionado con el versículo citado: "Los pensamientos tristes oprimen al espíritu".[4] En vista de lo anterior, tú y yo debemos cultivar un espíritu alegre… y eso empieza con una mente llena de pensamientos alegres y un corazón rebosante de actitudes alegres. El mismo escritor que mencioné escribió: "Corazón feliz, cara feliz".

> *Si tu vida le pertenece a Dios por medio de su Hijo Jesucristo, eres dueña del gozo más puro, insondable y abundante que cualquier persona podría poseer.*

En segundo término, ¡reconoce que la fuente última de todo gozo es el Señor! La Palabra de Dios dice: "el gozo de Jehová es vuestra fuerza" (Neh. 8:10). Todo aquel que confía en el Señor y se refugia en Él, puede y debe regocijarse (Sal. 5:11), ¡y tú también! Dice además la Palabra: "Mas el fruto del Espíritu es… gozo" (Gá. 5:22). Querida esposa, si tu vida le pertenece a Dios por medio de su Hijo Jesucristo, eres dueña del gozo más puro, insondable, y abundante que cualquier persona podría poseer. Por lo tanto:

- Regocíjate cada día. El salmista exclamó: "Este es el día que hizo Jehová; nos gozaremos y alegraremos en él" (Sal. 118:24). Antes de tocar el piso con tus pies cada mañana (y antes de hablarle a tu esposo), trae a tu corazón y a tu mente esta verdad. Procede de igual forma cada vez que enfrentas algún percance en el día que Dios te regala. Toma la determinación de regocijarte.

- Canta y toca música. Yo escucho música todos los días. Después de años de luchar contra el desánimo y la depresión, aprendí a disfrutar de la música desde el amanecer… ¡porque así inunda mi corazón! El rey David, a quien llamaban "El dulce cantor de Israel" (2 S. 23:1), organizó la música como parte de la adoración en el templo (1 Cr. 25), demostrando así su convicción de que la música eleva el alma y encamina los pensamientos y las emociones hacia Dios. La música preserva tu espíritu en medio de este mundo tan desalentador, y lo impulsa a elevarse y a cantar. "Salmos… himnos y cánticos espirituales" te llevarán a cantar y alabar al Señor en tu corazón (Ef. 5:19).

- Sonríe. Vamos, ¡hazlo! Y luego comparte tu sonrisa. ¡Regala una sonrisa! Que el gozo de tu corazón contagie a otros... ante todo a la persona más cercana a ti y que más lo apreciará: Tu preciado esposo. La Biblia enseña que "El corazón alegre hermosea el rostro", y que "La luz de los ojos alegra el corazón" (Pr. 15:13, 30). Tu semblante alegre y tu sonrisa harán que se respire felicidad en tu presencia. ¡Es contagioso! Alegra el corazón de todos los que se cruzan en tu camino. ¡Qué regalo tan maravilloso!

> *Que el gozo de tu corazón contagie a otros... y en primer lugar a la persona más cercana a ti: ¡Tu preciado esposo!*

Otro paso decisivo es comprender que tu creatividad es la clave para abrirte paso al mundo de la diversión. Muchas esposas aguardan a que sus esposos tomen la iniciativa. Tal vez una esposa imagine que su esposo se lo pasa "ideando" salidas y planes románticos (como si no tuviera suficientes ocupaciones con su trabajo, con la economía familiar, con el mantenimiento de la casa y del auto, con su buena labor como padre al llegar a casa, etcétera). Me percaté de este error cuando estudiaba en el seminario y esperaba sentada que mi pobre Jim, estudiante de tiempo completo con cuatro empleos parciales, "ideara" un poco de diversión para los dos. Un conferencista invitado nos exhortó a las esposas a tomar la iniciativa de planear la diversión en el matrimonio. Él dijo: "Tú planeas el día de campo o lo que sea. Y te garantizo que tu esposo accederá y lo disfrutará. ¡Pero no esperes a que él lo planee!". ¡Sé creativa! Ahora bien, ¿cómo vas a empezar?

¿Dónde empezar?

Más adelante voy a proponer diversos "detalles que transforman" en el aspecto de la diversión matrimonial. Por ahora, presentaré algunas ideas que promueven la diversión en pareja.

Cocinar juntos. Mi hija Caterine y su esposo Pablo se divierten escogiendo un plato que les gustaría probar. Siempre es algo novedoso y diferente. Luego buscan una receta en la red informática, la imprimen, hacen la lista de ingredientes, hacen las compras juntos, se dividen el trabajo (de lavar, picar, medir, mezclar, revolver), entran juntos a la cocina ¡y listo! ¡Un divertido y apetitoso recuerdo! No solo se divierten, como podrás imaginar, sino que perfeccionan sus habilidades comunicativas al trabajar como un equipo en un proyecto común. Además de eso, Pablo y Caterine comparten su regalo con otros. Cada vez que vienen a visitarnos, traen o buscan una receta, van de compras a una tienda cercana, se hacen cargo de la cocina, ¡y nos convidan a su comida divertida!

Jugar juntos. Esto suena muy trillado, y tal vez figure en la lista de actividades lúdicas de todo el mundo, pero en realidad pocas parejas están dispuestas a apagar el televisor para jugar. Recuerdo a una pareja que se hospedaba en un hotel en Hawai donde Jim y yo participábamos en una conferencia. Todo el tiempo los veíamos reírse sentados en su balcón, jugando ajedrez y naipes, entre otros juegos. Le habían vuelto la espalda por completo al televisor, para dedicarse al juego y divertirse juntos. Tanto Jim como yo hablamos de ellos y de lo mucho que se divertían. También nos preguntamos: "¿Por qué tan pocas parejas lo hacen? ¿Por qué gastar dinero en salidas costosas si algo tan divertido también es gratis?"

Ir a un museo juntos. Una gran pareja de amigos ha tenido por costumbre visitar una exposición de museo al mes durante los últimos 20 años. Juntos buscan en el diario los avisos de nuevas exposiciones que se realizan en los museos cercanos. Luego anotan en sus agendas y señalan una "cita". Esperan ansiosos su salida como dos chiquillos. Por fin llega el gran día ... ¡y empieza la diversión! Planean divertirse, apartan tiempo para hacerlo, se divierten, y atesoran un montón de recuerdos emocionantes. ¿Te imaginas lo mucho que nos divertimos Jim y yo escuchando a lo largo de tantos años lo que han visto y aprendido en sus hazañas? Te cuento que incluso nos invitaron a acompañarles a sus salidas de museo. Nos divertimos muchísimo... ¡y casi sin gastar dinero!

Ir al centro de la ciudad. Mi pastor y su esposa saben cómo divertirse en su día libre. Atraviesan en transbordador desde una península hasta llegar al centro de la ciudad, donde pasan gran parte del día. A todas partes van a pie, incluso bajo la lluvia. ¡Nada los detiene! Conocen todos los cafés, restaurantes, mercados campesinos, atracciones turísticas, rutas de tranvía, calles y callejones del sector. A fuerza de recorrer las empinadas colinas y calles de la ciudad permanecen en buena forma física. No hay duda de que esa actividad "es lo suyo", su módica aventura que tanto disfrutan. Yo creo que la esperan ansiosos y que después de llevarla a cabo, la saborean durante el resto de la semana. En tu caso, ¿cuál es "el centro" adonde puedes ir?, o ¿hace cuánto no lo visitas?

Ir juntos a un parque. Permíteme dar otro ejemplo del matrimonio de Pablo y Caterine. Pablo nunca sale sin una pelota y un disco volador. Incluso los lleva a su oficina en la avenida Madison de la ciudad de Nueva York. Caterine acostumbra reunirse con Pablo durante su hora de almuerzo o después del horario laboral, para lo cual arropa bien a los niños y se desplaza a pie, en tren o en taxi. De allí salen juntos al parque central, para conversar mientras pasean a los niños que corren y juegan, y aprovechan para lanzarse el disco volador o la pelota. A veces, incluso se quedan hasta tarde y atrapan luciérnagas. Todos los parques de la ciudad ofrecen algo especial... ¡y el paseo es gratis! ¿Cuándo piensas ir con tu amado?

Habla el corazón

Durante años he tomado mi agenda cada mañana con tres objetivos en mente: La familia, la buena salud, y la culminación de tareas pendientes (por ejemplo mis libros, mis conferencias, mis proyectos, o cualquier otra tarea que deba culminar a diario). Las tres representan aspectos esenciales de mi vida que debo atender a diario, además de las que son incontestables, es decir, mi vida espiritual y mi relación con Jim.

Una mañana mi querido Jim tomó un estilógrafo, se aproximó y escribió en mi agenda un cuarto objetivo para que yo lo incluyera en mis planes: ¡Diversión! No había notado que los enemigos de la diversión habían hecho mella en este aspecto esencial que marcó el inicio de nuestra relación con Jim. En el presente, y después de 38 años de matrimonio, soy más cuidadosa con la necesidad de divertirnos.

Empecé este capítulo con uno de mis versículos preferidos que aluden a una relación de "pareja". Las palabras evocan los recuerdos de una novia, en este caso la sunamita. Le habla en prosa la "voz" (Cnt. 2:8) de su desposado, su "amado". En su sueño o en su meditación, su amado exclama diciéndole: "Levántate, oh amiga mía, hermosa mía, y ven" (v. 13).

Querida esposa ¿será posible que necesites relajarte un poco, divertirte, o ser más alegre? ¿Quizá también salir y disfrutar de una actividad diferente con tu esposo? La pareja de esposos que describe Cantar de los Cantares estaba locamente enamorada y vivía apasionada. Esta esposa se refirió a la persona con quien caminaba, jugaba, se paseaba y divertía (su esposo), en estos términos: "Tal es mi amado, tal es mi amigo" (Cnt. 5:16).

¿En qué condiciones está la amistad con tu amado? ¿Apartas tiempo para la diversión con una actitud dispuesta, decidida y clara?

Detalles que transforman

1. Planea una actividad lúdica semanal.

Alguien debe encargarse del esparcimiento, ¡y tal vez seas tú! Empieza tu labor como organizadora de la diversión en pareja planeando una actividad semanal. No tiene que ser costosa, o podría ser gratuita. Lo único que necesitas es creatividad.

¿Quizá deseen preparar una comida juntos y cocinar mientras comen? ¿O qué te parece salir en bicicleta y llevar en una maleta algo para comer? ¿O levantarse muy temprano para caminar en la playa y recoger conchas mientras contemplan el amanecer? ¿Qué piensas de saborear una comida "al revés", o sea empezar por el postre y terminar con la ensalada? ¿O numerar cada parte de una comida con tu esposo y luego comerla en el orden que él dicta?

Hay muchas actividades lúdicas que cuestan poco o nada. Anota siempre tus nuevas ideas para no perderlas. Y por supuesto, de vez en cuando diviértanse en una actividad para la cual han ahorrado. ¡Atesorarás un sinnúmero de recuerdos maravillosos!

2. Revivan una actividad divertida del pasado.

Piensa en algo que ustedes solían disfrutar juntos en el pasado y repítanla. Por ejemplo, ir a un partido de fútbol universitario, o visitar un restaurante que les gustaba, sin importar que se trate de un restaurante fino o común. Lo importante es que la actividad elegida haga parte de su historia como pareja. Inténtalo y revive tus recuerdos. ¿Jugaban a los bolos? ¿O al golf? ¿O patinaban? ¿O acampaban? Repitan la experiencia en el presente. ¡Que vuelvan los viejos tiempos!

3. Recreen su luna de miel.

Si bien algunas veces es posible lograrlo, otras no. Muchas parejas lo hacen. Si no es posible, pueden sentarse a ver las fotografías o el vídeo de la boda. En ese caso pueden además comprar un pequeño pastel, preparar una deliciosa bebida, y acompañarla con un puñado de nueces o de dulces. ¡Lo importante es divertirse!

4. Dale un toque original a cada aniversario.

Cada aniversario es un acontecimiento único. Es un año más que comparten juntos, ¡y que puedes celebrar con tu amado! No esperes que tu esposo, en medio de tantas ocupaciones, se acerque con un plan especial para ese día. Planea un día especial y divertido. Prepara la cena de los niños y acuéstalos temprano. En seguida, disfruten de una cena especial solo para los dos. Y luego planea un momento inolvidable de intimidad.

Por otro lado, considera que muy pocas parejas pueden en realidad celebrar su aniversario en la fecha exacta. No te afanes por eso. La fecha no es lo que importa, sino la celebración de un año más de matrimonio. Cumple con todos tus compromisos, deberes y obligaciones familiares. Solo asegúrate de celebrarlo de alguna manera.

5. Elige un pasatiempo para compartir en pareja.

Estoy segura de que puedes idear muchos pasatiempos posibles. Por ejemplo, jugar al golf o al tenis, montar en bicicleta, acampar, remar en canoa, jugar ajedrez, remodelar muebles, tomar fotografías. ¡Tú eliges! Tu tarea consiste en experimentar y escoger lo que te gustaría compartir en pareja. Elige un pasatiempo en que ambos participen y disfruten con un mínimo de entrenamiento. Recuerda que algunos pasatiempos se disfrutan mejor con mayores destrezas o después de haberse entrenado juntos. Sin embargo, estos no son más que "detalles" que propongo. Busca lo que resulte más sencillo para ustedes. Y luego recuerda incluirlo en la agenda matrimonial.

6. Anota las actividades que siempre han soñado realizar.

¿Hay algún deseo que podrían cumplir juntos? Elige uno. ¿Fue idea tuya? Entonces encárgate de hacerla realidad. Visiten esa vieja librería que siempre te ha intrigado. Y luego degusten un café o un chocolate caliente en una cafetería cercana.

Disfruten de un día de campo en un parque de la ciudad. (Me pregunto ¿por qué no han ido antes?). Se trata de actividades sencillas, cuya lista podría extenderse mucho más. Por otro lado, también podrían emprender grandes aventuras, como tomarse una fotografía en la torre Eiffel, viajar a Israel, caminar a lo largo de la gran muralla china, ir de safari al África. Se van a divertir muchísimo anotando sus deseos en la lista, una lista que le da la vuelta al mundo y une sus corazones, ¡sin importar que tal vez nunca lleguen a cumplirse todos!

11

Servir al Señor

a Cristo el Señor servís.
COLOSENSES 3:24

Hay acontecimientos que cambian la vida. Cuando ocurren ignoramos su alcance, pero en lo venidero producen cambios definitivos. Esto es precisamente lo que me sucedió una tranquila tarde dominical. Nuestras dos niñas en edad preescolar dormían la siesta. El culto matinal en la iglesia había tocado nuestro corazón. Jim y yo nos sentamos con el fin de realizar un ejercicio juntos, que resultó ser un detonante en nuestra vida cristiana, y el criterio para definir el rumbo que hemos seguido durante los últimos 30 años. Ambos nos hicimos la siguiente pregunta: "¿Cuáles son las metas en nuestra vida?", y anotamos la respuesta.

¿Cuáles fueron mis anotaciones? Bueno, ¡créeme que todavía conservo los apuntes originales! Con un corazón lleno de amor por Dios y de gratitud por mi Salvador, tracé como objetivos estos tres anhelos de mi corazón:

1. Ser una mujer de Dios en continuo crecimiento.
2. Ser una esposa y madre que apoya y anima.
3. Enseñar la Biblia para ver transformadas las vidas de las mujeres.

En nuestro libro acerca de la esposa conforme al corazón de Dios, hemos subrayado hasta el momento la importancia de crecer en el Señor y de ser una esposa y madre que apoya y anima. Ya es hora de tratar el tema de nuestra responsabilidad y deber cristiano como mujeres de servir al Señor.

El servicio cristiano

Todo cristiano, casado o soltero, está llamado a servir al Señor y a su iglesia, que es el Cuerpo de Cristo. El viejo adagio lo reafirma: "Estamos llamados a servir, no a ser servidos". Diversos factores contribuyen a que nuestra vida se enfoque en el servicio, a saber:

Servimos por una motivación. Hay una realidad acerca de cada creyente: Antes de ser cristianos éramos egoístas y nos servíamos a nosotros mismos. Era el único estilo de vida que conocíamos. Eso era cierto en mi propia vida antes de conocer a Cristo, tal como lo expresé al principio del libro. Solo buscaba lo que quería. Hacía lo que me placía. Pensaba en una sola persona: ¡En mí! Y servía a una sola persona: A mí.

Sin embargo, desde el día en que me hice cristiana por medio de la fe en Jesucristo, me abruma el hecho de que

Jesús murió por mí. Su muerte lavó mis pecados y me dio vida nueva, ¡vida eterna!, y un nuevo comienzo. Había "nacido de nuevo" (Jn. 3:3), y era una "nueva criatura" (2 Co. 5:17), con una vida nueva y un nuevo corazón. La gracia transformadora y el poder de Dios obraban en mí. De inmediato comprendí que tenía una deuda, y que era incapaz de pagarla. No obstante, como muestra de mi gratitud, podía servir a mi Señor hasta el último aliento de mi vida. ¡Cuánto anhelaba hacerlo! ¡La gratitud es en verdad la mayor motivación para servir al Señor!

Servimos a Jesús, quien es nuestro ejemplo a seguir. Nuestro Salvador, el Señor Jesucristo, es el modelo perfecto de una vida de servicio. ¿Cómo vivió Jesús? Él lo expresa en sus propias palabras: "no busco mi voluntad, sino la voluntad del que me envió, la del Padre" (Jn. 5:30), y "Mi comida es que haga la voluntad del que me envió, y que acabe su obra" (4:34). Aquella voluntad y "obra", querida lectora, era obtener nuestra salvación del pecado, que es la obra de su muerte en la cruz. Jesús explicó su obra y su misión con estas palabras: "el Hijo del Hombre no vino para ser servido, sino para servir, y para dar su vida en rescate por muchos" (Mt. 20:28). Además, la Palabra de Dios dice que "Jesús de Nazaret…anduvo haciendo bienes" (Hch. 10:38). Como cristianos estamos llamados a seguir "sus pisadas" (1 P. 2:21). Por lo tanto…

Anda, trabaja, gasta tus fuerzas.
Gózate en cumplir la voluntad del Padre;
Así obró el Maestro;
¿Acaso el siervo no seguirá su camino?[1]

Servimos como un mandato. La Biblia es muy clara al decir que todo cristiano debe servir al Señor. De hecho, hemos recibido "dones espirituales" para servir, y se espera de nosotros que los usemos a favor de otros. Se nos exhorta con estas palabras: "a cada uno le es dada la manifestación del Espíritu para provecho" (1 Co. 12:7). "Por amor" debemos servirnos "los unos a los otros" (Gá. 5:13). Por consiguiente, servimos por obediencia. ¡Es una orden!

¿Qué recibimos a cambio de nuestra obediencia? La bendición de saber que servimos a Dios, y de ser más semejantes a Cristo. Además, la bendición de vivir en el grado más sublime de liderazgo, que es el servicio humilde, y de dar testimonio de Cristo al mundo, pues "el mundo no siempre entiende nuestra profesión de fe, pero comprende el lenguaje del servicio".[2]

Servimos como un ministerio a los demás. La Biblia dice que los dones espirituales impartidos a un cristiano son "para provecho" (1 Co. 12:7). Un cristiano obtiene provecho del servicio que otros le prestan. Si bien todos los cristianos reciben diversidad de dones espirituales (v. 4), cada uno sirve a los miembros de la iglesia, que es el Cuerpo de Cristo. Si logras descubrir, desarrollar y usar tus dones espirituales, otros serán edificados, enseñados, animados, fortalecidos, consolados, ayudados, y podrán madurar en la vida cristiana.

Las mujeres pueden servir en la iglesia de muchas maneras, tantas como dones posean. Mi objetivo personal consiste en "enseñar la Biblia para ver transformadas las vidas de las mujeres". La razón por la cual expresé mi deseo en estos términos, es que yo misma aproveché el servicio de otras mujeres a través de sus dones de enseñanza, y como resultado mi vida fue transformada. Yo ignoraba por completo lo que era la vida cristiana, los dones espirituales, y enseñar la Biblia. A pesar de mi condición, sabía con certeza que de alguna manera el esfuerzo de estas mujeres por comunicar a otras su conocimiento, había afectado de manera poderosa y positiva mi vida como mujer, esposa y madre cuando era recién convertida. Asimismo, pensé y oré al Señor así: Deseo tanto poder hacer lo mismo por otra mujer, poder comunicarle lo que he aprendido, cambiar una vida del mismo modo que aquellas mujeres cambiaron la mía... ¡entonces habrá valido la pena!

¡Y Dios respondió mi oración! Hablaremos de ello más a fondo. Por el momento, considera el hecho de que tu servicio fiel y el ejercicio de los dones espirituales bendice a otros más de lo que puedas imaginar. ¡Así lo dispuso Dios!

> *A quien servimos es al Señor. Esta verdad le confiere dignidad a nuestro servicio, por insignificante o humilde que parezca.*

Servimos a nuestro Maestro. Siempre me resulta útil recordar la motivación que impulsa mis acciones, y es lo que acabamos de tratar en lo concerniente a nuestro servicio al Cuerpo de Cristo. Por otro lado, me interesa saber a quién voy a servir. Y en lo que respecta al ministerio espiritual, la Biblia dice a Quién servimos: "a Cristo el Señor servís" (Col. 3:24). Esta verdad le confiere una gran dignidad a nuestro servicio, por insignificante o humilde que parezca.

El servicio en pareja

El subtítulo de este libro hace alusión a 12 aspectos importantes en tu matrimonio, los cuales elegí para tratar el tema de la esposa conforme al corazón de Dios. Uno de ellos es el servicio a Dios en pareja. Según tu situación matrimonial esto será o no posible. Sin embargo, estudiaremos el caso de dos matrimonios conforme al corazón de Dios, que sirvieron en pareja.

Abraham y Sara. Ellos conforman una de las parejas más dinámicas en su fe. Cada uno tenía un corazón para Dios. Amaban al Señor. Le seguían. Confiaban en Él. Y ambos recibieron de Dios la honra por su fe en Él a lo largo de diversas pruebas, años y décadas (He. 11:8–19). ¿Cómo sirvieron juntos al Señor?

Sara y Abraham trabajaron como un equipo. Un día, mientras Abraham descansaba en la puerta de su tienda en el desierto, observó que se acercaban tres hombres. Se levantó rápidamente, corrió a su encuentro, se postró ante ellos, los invitó a entrar, y les ofreció agua y descanso mientras les preparaba una comida...

...¡y en ese momento entra Sara en la escena! Abraham corrió a su tienda, se apresuró a darle órdenes a Sara: "¡Rápido! ¡Prepara unos panes!" ¡Incluso le dio la receta! Y en seguida desapareció para alistar la carne que había de ofrecer a sus invitados. Hicieron todo juntos, y su ministerio de hospitalidad instauró un lugar de reposo y protección para los visitantes, en medio de un clima hostil (Gn. 18:1–8).

Un comentario final: Resulta que los tres "hombres" que se detuvieron en la tienda de Abraham y Sara para una corta visita eran "el Señor" y "dos ángeles".[3] Estos visitantes celestiales vinieron para realizar una doble misión. Venían a anunciarles a Abraham y a Sara que tras 25 años de espera, al fin tendrían un hijo (Gn. 18:9–15). Por otro lado, venían a rescatar al sobrino de Abraham de la perversa cultura de Sodoma y Gomorra que sería destruida por los ángeles (Gn. 19:1–29).

La bondad de Sara y de Abraham al atender a los tres viajeros del desierto constituye un gran ejemplo del ministerio hospitalario. Al respecto, la Biblia nos enseña: "No os olvidéis de la hospitalidad, porque por ella algunos, sin saberlo, hospedaron ángeles" (He. 13:2). ¡Nunca sabes la trascendencia que tendrá tu servicio!

> *"Lo que importa no es poseer dones extraordinarios, sino consagrar lo que tenemos para servir a Dios".*

Priscila y Aquila. Esta es una pareja asombrosa que sirvió al Señor. A lo largo del Nuevo Testamento encontramos indicios admirables de su ministerio como pareja. En primer lugar, Priscila y Aquila acogieron al apóstol Pablo y le hospedaron en su casa (Hch. 18:1–3). Muchos eruditos creen que Pablo se quedó con esta amable pareja durante el año y medio de su misión en Corinto. Priscila y Aquila también tomaron aparte al maestro judío Apolos y "le expusieron más exactamente el camino de Dios", y en seguida lo animaron a emprender un ministerio mayor, en el que "con gran vehemencia refutaba públicamente a los judíos, demostrando por las Escrituras que Jesús era el Cristo" (Hch. 18:24–28).

Además de sus diversos ministerios, Pablo escribió más adelante que Priscila y Aquila habían sido sus "colaboradores en Cristo Jesús, que expusieron su vida" por él (Ro. 16:3–4). Pablo también envía su saludo a la iglesia de Corinto de parte de Aquila y Priscila, y de "la iglesia que está en su casa" (1 Co. 16:19). Y después que mejoraron las condiciones políticas y religiosas, Priscila y Aquila regresaron a su patria en Roma, donde fundaron otra "iglesia de su casa" (Ro. 16:5). Doquiera que iba esta admirable pareja, servía al Señor.

Ambos trabajaban fabricando tiendas, conocían y enseñaban la Palabra de Dios, abrieron las puertas de su casa, y arriesgaron sus vidas por causa de la persecución. ¡Qué magnífica pareja! Todo el tiempo estaban activos. Al mismo tiempo, sus oídos, sus ojos y su corazón estaban atentos a las necesidades de otros. Estaban siempre listos y dispuestos (¡al menos con lo poco que tenían!) a servir al Señor en cualquier lugar, momento, forma, y sin importar su costo. Jim y yo hemos tomado a Priscila y a Aquila como nuestro modelo de matrimonio conforme al corazón de Dios, y de una pareja que sirvió al Señor con todas sus fuerzas. Tal vez tú y tu esposo quieran hacer lo mismo.

Abraham y Sara, Priscila y Aquila. Dos parejas conforme al corazón de Dios... en dos períodos diferentes de la historia... en dos lugares diferentes... sirviendo a dos clases de personas muy diferentes. Unos sirvieron a Dios mismo y a sus ángeles, y los otros a la iglesia del Señor y a sus siervos Pablo y Apolos. No obstante, ambas parejas tenían un corazón para Dios, un matrimonio que soportó los rigores de las pruebas y del tiempo, una "casa" con las puertas abiertas, así como un corazón dispuesto a servir a otros. Tanto en su matrimonio como en su ministerio, estas parejas funcionaban como un equipo eficaz que duplicaba el amor, la fuerza y el servicio a los necesitados. Estas dos ilustres parejas compartieron con alegría sus bienes y posesiones en su ministerio a otros. Son un ejemplo claro de esta verdad acerca del servicio al Señor: "Los dones extraordinarios no producen un beneficio extraordinario, sino la consagración de lo que tenemos al servicio de Dios".[4]

Principios para el ministerio de una esposa

Existen tantas posibilidades de servicio en el matrimonio como parejas. Sin embargo, hay principios para el ministerio de una esposa que resultan útiles en cualquier circunstancia. Esta lista de principios te servirá en tu situación particular en pareja. En mi caso, Jim ha estado en el ministerio durante casi 30 años (¡una situación bastante particular por cierto!) A estas alturas ya sabemos cómo servir juntos al Señor. Sin embargo, ¡déjame decirte que no siempre fue así!

De ninguna manera. Recuerdo muy bien nuestro "comienzo" como pareja cristiana. En ese entonces procurábamos abarcar los 12 aspectos que tratamos en este libro, y servir al Señor era uno de ellos. En nuestro caso, Jim deseaba servir al Señor, pero yo no... o mejor dicho, ignoraba cómo hacerlo. También recuerdo nuestras primeras experiencias en el ministerio juntos. Así aprendí a poner mi casa al servicio de otros, y a prepararla, al igual que mi corazón, para que Dios pudiera usarla. Recuerdo que con la ayuda de Dios resolví servir a otros siempre que Jim me llamaba para informarme que alguien necesitaba ayuda, dinero o un lugar para quedarse.

¿Cómo puede una esposa ayudarle a su esposo en el servicio al Señor? ¿Cómo puede una esposa servir al Señor si su esposo se queda atrás? ¿Cómo puede una esposa servir al Señor si su esposo no es cristiano? Veamos algunos principios pertinentes:

1. *Sirve primero a los tuyos en el hogar.* En lo concerniente a mi servicio al prójimo y a mi iglesia, he usado durante décadas un lema personal: "No des a otros lo que primero no has dado en tu casa". Este dicho me permite recordar las prioridades que Dios ha establecido para mi diario vivir. Debo servir a mi esposo y a mis hijos, y amar a los que viven en mi casa primero... y luego extender ese amor a otros, y no al contrario. Admito que resulta fácil invertir el orden, lo cual ocurre con frecuencia en nuestra vida. Por ejemplo:

Hace poco hablé con una mujer que había renunciado a su cargo de directora del ministerio femenino en su iglesia. Explicó que la razón de su retiro era que sus prioridades estaban invertidas. Me contó que le resultaba mucho más fácil y gratificante servirles a las mujeres en la iglesia que ocuparse de sus dos pequeños y de su esposo en casa.

Otra mujer que servía como líder de música y alabanza, y como solista en una de mis conferencias, se marchó convencida de que sus prioridades estaban invertidas. (De hecho, ¡se disponía a llamar a su esposo para pedirle perdón!). Luego me contó que tras despedirse de su esposo esa mañana antes de ir al seminario titulado "una mujer conforme al corazón de Dios", tenía planeado no regresar a casa. Le había dicho a su esposo que no volvería. Amada mía, ¡ella regresó de la conferencia como una esposa conforme al corazón de Dios!

En ambos casos estas mujeres les prestaban a otros el servicio que de ningún modo daban en su hogar. Por mi parte, felicito a estas mujeres por tener el valor de reconocer su problema con las prioridades, y ¡también alabo al Señor, porque se dispusieron a corregirlo! En tu calidad de esposa, debes servir primero a tu esposo, antes que a cualquier otro. No importa lo que la gente de la iglesia piense de ti, sino lo que piensan de ti quienes viven en tu casa. No importa que las personas de la iglesia se beneficien de tu servicio, si antes no son atendidos los tuyos. En ello radica el deber de una esposa, la prioridad de una esposa, ¡y el privilegio de una esposa!

Querida esposa, después que tu casa y las personas

que la habitan son atendidas, amadas, servidas, y consentidas, entonces prosigue con la iglesia y con la ayuda a otros. Así obra una esposa conforme al corazón de Dios.

2. *Sirve con la bendición y el respaldo de tu esposo.* Si deseas colaborar en un ministerio o ayudar como voluntaria en la iglesia, te imploro que primero le preguntes a tu esposo. Los principios que rigen tu relación con él, tu sumisión a sus planes y a su liderazgo en el matrimonio, y tu servicio a él, son: hacer todo "como al Señor" (Ef. 5:22), y "de corazón, como para el Señor y no para los hombres" (Col. 3:23).

Yo misma acostumbro nunca asumir compromisos sin antes pedirle a Jim su opinión, sus ideas y su aprobación. No lo hago porque le tema ni porque lo considere como una figura paterna. En absoluto. Lo hago porque valoro nuestra relación y amistad como pareja más que mis propios planes y deseos. Después de todo, si el ministerio demanda tiempo, también es el tiempo de Jim. Si hay que invertir dinero, también es el dinero de Jim. Si hay presiones (como las que experimenté la primera vez que acepté enseñar en una clase bíblica para mujeres), también lo afectarán a él.

Veámoslo de la siguiente manera: Queremos servir al Señor, pero también deseamos que Dios bendiga nuestro servicio. Yo creo que una medida muy apropiada para determinar la bendición de Dios es mi obediencia a su mandato de honrar y preferir a mi esposo (Ro. 12:10), de estimarlo como superior a mí misma (Fil. 2:3), y de estar en paz con él en cuanto dependa de mí (Ro. 12:18). Por esa razón, le pido a Jim su opinión y su aprobación en todo, incluso en oportunidades ministeriales. No quiero enfrentar la situación de trabajar en el ministerio (¡o cualquier otro proyecto!) sin la aprobación de mi esposo. Solo sirvo con su bendición y respaldo. Así puedo servir con libertad. ¿Por qué? Porque cuento con Jim, y con sus oraciones. En cualquier ministerio, renunciamos juntos a una parte de mi tiempo y de mi energía para consagrarlos al servicio, lo cual significa que es un ministerio conjunto. Por supuesto que después evaluamos la experiencia, pero muchas veces salgo victoriosa de un compromiso ministerial solo porque en mi corazón sabía que contaba con el apoyo de Jim.

¿Qué debe hacer una esposa si su esposo no aprueba sus intenciones? Créeme, ¡Jim me ha dicho muchas veces que no! Si ese es tu caso, yo opino que deberías darle gracias a Dios. Tu esposo ejerce una labor clave en ayudarte a mantener tus prioridades en orden porque su opinión podría alertarte cada vez que hay un desequilibrio. Su orientación también hace parte de la dirección de Dios para tu vida. Cuando mi Jim dice no, yo le doy gracias a Dios por tener un esposo que me guía y que se comunica. Y luego rechazo la propuesta sin una pizca de amargura en mi corazón. Mi sumisión a la voluntad de Dios que implica seguir el liderazgo de mi esposo, guarda mi vida y mi servicio de desviarse de su propósito. Tanto la aprobación como la desaprobación de mi esposo respecto a cualquier opción de servicio, podrían señalar la voluntad y la dirección divina para mi vida.

3. *Sirve de todas las formas posibles.* Cuando Jim y yo empezamos a asistir a la iglesia como una pareja cristiana, ignorábamos todo acerca del servicio al Señor, la Biblia y los dones espirituales. Con todo, nuestros corazones agradecidos con nuestro Salvador, deseaban ayudar. ¡Hacíamos todo lo que podíamos! Lavamos loza después de las reuniones sociales. Organizamos y guardamos sillas, y las cambiábamos de lugar para las reuniones. También ordenamos los himnarios y aspiramos el salón, lavamos ollas y sartenes durante las conferencias, saludamos a las personas que entraban al culto, abrimos las puertas de nuestra casa para realizar estudios bíblicos, llevamos en auto a personas ancianas a las reuniones, ayudamos en la instalación del festival infantil, pintamos, arreglamos el jardín, ayudamos a terminar el techo durante la remodelación del edificio de la iglesia, entre otras actividades. No se requerían habilidades especiales para llevar a cabo estos espléndidos ministerios. Solo precisaban un corazón dispuesto a servir.

Más adelante, y en la medida en que nuestro conocimiento de Dios aumentaba, nuestro ministerio se desarrolló. Tomamos un curso de entrenamiento para aconsejar y empezamos a servir en ello después del culto en el recinto de oración. También nos preparamos para la evangelización y participamos en el ministerio de visitación. Hicimos un curso de escuela dominical y colaboramos con las clases para los niños. Nos entrenamos para el discipulado y empezamos a servir a otros a través de un contacto más personal. Luego profundizamos en el estudio bíblico y empezamos a enseñar en pequeños grupos. Y nuestra casa fue el centro de todos los ministerios, los cursos y los diferentes pasos hacia el crecimiento espiritual. Todo el mundo era bienvenido en nuestra casa, ¡sea que viniera de los alrededores o de cualquier parte del mundo!

Sin embargo ¿qué puedes hacer si tu esposo no te respalda? Piensa bien en lo que puedes hacer a pesar de las circunstancias. No te imaginas la cantidad de mujeres que colaboran en la iglesia de diversas formas desde su casa, en labores como hornear galletas, planear una cena para otros, hacer llamadas para organizar algún ministerio o contactar a los que no pueden salir de casa, escribir cartas para animar a otros, orar por las personas de la iglesia o en otros lugares del mundo. Las posibilidades de ayudar y servir desde la casa son ilimitadas, ¡si tienes un corazón dispuesto a servir al Señor!

Todo esto para decirte, querida amiga y lectora conforme al corazón de Dios, ¡que puedes servir de cualquier forma!

Tres demandas del Maestro,
a quienes le servimos aquí abajo,
y aguardamos la venida de su reino.
Podemos orar, entregar o huir.
Mas Él las requiere todas: La mano generosa,
los pies dispuestos, y el corazón que ora.
Por último, que obren juntas,
y tejan una cuerda de tres hilos que no se rompa.[5]

Habla el corazón

Hay un principio adicional que está en el centro de todo:

Cultiva un corazón de sierva. Una mujer conforme al corazón de Dios (¡y todo cristiano!) puede y debe comprender que cada día que Dios le concede, debe consagrarse al servicio glorioso. Debemos servir en nombre de Dios a todos. Debemos estar dispuestos a servir a todo aquel que Dios pone en nuestro camino, y el primero es nuestro querido esposo. Debemos imitar al Salvador, quien no vino para ser servido sino para servir, y quien anduvo haciendo bienes.

¡Te pido entonces que ores! Ora todos los días a fin de tener un corazón de sierva, y de preferencia a primera hora de la mañana. La oración te permitirá recordar quién eres, a quién perteneces, por qué vives, y cómo quiere Dios que vivas. Por lo tanto, no te detengas a pensar en tu situación matrimonial, sino pídele a Dios con valentía el amor que necesitas para servir a tu esposo. Pídele que te dé amor para servir a amigos y enemigos, conocidos (tu esposo y tus hijos) y extraños. Pídele que te conceda un corazón más compasivo, y oídos y ojos que descubran oportunidades para servir. Pídele su misericordia, y un corazón para servirle a Él y a las personas que pone en tu camino.

Detalles que transforman

1. Procura realizar algún servicio modesto en tu iglesia.

Algunos ministerios pueden requerir cierta madurez y preparación. Sin embargo, existe un sinnúmero de servicios y ministerios de voluntariado que puedes realizar en tu iglesia y que bendicen a multitudes. Puedes alistar la correspondencia, limpiar la guardería y los juguetes, aspirar el salón principal, organizar objetos en las bancas, preparar una comida para alguien que no puede salir de casa, saludar a los invitados que asisten a las reuniones, ayudar a la maestra de los preescolares, entre muchas otras. Si no sabes por dónde comenzar, pregúntale a alguien en la oficina de administración de la iglesia. Con toda seguridad sabrá informarte acerca de las necesidades en la iglesia. Con mucha frecuencia, son "detalles" de gran relevancia para tu iglesia, que la harán lucir más cordial y eficiente.

2. Examina tu corazón, y revisa tu agenda.

Tal vez te parezca extraño que mencione tu agenda en lo concerniente al servicio al Señor y al prójimo. Sin embargo, una mujer cristiana con gran disposición puede excederse con facilidad en el servicio, hasta el grado de descuidar su matrimonio, su familia y su casa. Entonces hay que preguntarse: ¿La familia está satisfecha con tus cuidados y la atención que le brindas? ¿Tu esposo respalda por completo (¡y sin reservas!) tu participación en la iglesia? No seas como la mujer que salió el sábado en la mañana para dirigir la "adoración" en un seminario de la iglesia, diciéndole a su esposo que nunca regresaría. Tampoco seas como la esposa y madre para quien era mucho más fácil y gratificante organizar y dirigir un ministerio femenino en la iglesia que cuidar su casa, a su esposo y a sus dos pequeños. ¡No cabe duda de que estas mujeres habían invertido sus prioridades y se excedieron en sus ministerios! Por lo tanto, cuida de cumplir con estos dos "detalles": Revisa tu agenda y evalúa con tu esposo tu participación en el ministerio.

3. **Ponte de acuerdo con tu esposo para servir en pareja.**

   ¡Pocas actividades resultan más gratificantes para una pareja cristiana como servir juntos al Señor! Cada uno ofrece su aporte invaluable al ministerio como pareja. Y cada uno compensa las debilidades y fortalezas del otro al trabajar en equipo en el ministerio. Por ejemplo, tal vez tu esposo dirija o lidere un ministerio… y tú puedas ayudarle con el trabajo de secretaria. O quizá él sea el encargado de organizar una reunión, y tú puedas ofrecer tu casa para realizarla. Si los dos son sociables, podrían ofrecerse como voluntarios para saludar a las personas antes del culto una vez al mes. ¿Les gusta trabajar con niños? Entonces colaboren en una clase de niños... juntos. ¿Cómo te suena ayudar en "el ministerio de mudanzas"? Mientras tu esposo ayuda con los muebles, tú podrías preparar una comida para la familia que se muda de casa. Solo cuídate de que ambos estén de acuerdo en la forma de servir y en la frecuencia con que lo hacen. La lista de servicios que pueden prestar juntos es inagotable. ¡Es tan extensa como sus propios corazones!

4. Sirve por lo menos de tres maneras.

Una pequeña instrucción acerca del servicio al prójimo me permitió comenzar mi experiencia ministerial. En resumen, aprendí que existen tres ministerios a los cuales está llamada toda mujer conforme al corazón de Dios, y que no son una opción sino un mandato. Estos son: Servir, dar y mostrar misericordia. A continuación explico de qué se tratan:

> Servir (en algunos casos también se le denomina ayuda o ministerio): Es la habilidad fundamental de ayudar a otros, y no existe razón alguna por la cual un cristiano carezca de este don o se prive de usarlo.
>
> Mostrar misericordia: Se parece al don de servicio, solo que implica socorrer a

> aquellos que están enfermos o en aflicción.
>
> Dar: Es la capacidad de entregar con sencillez el dinero que nos pertenece. Esto significa que debe hacerse sin pensar en ganancia ni retribución alguna para sí.[6]

En vista de lo anterior, ¿qué puedes hacer, y qué harás esta semana para servir, para mostrar misericordia, y para dar?

5. Ora por otros.

¿Prefieres quedarte en casa? ¿Tienes niños pequeños? ¿Trabajas en casa? ¿Tienes una agenda que te impide estar en la iglesia tanto como desearías? Bueno, siempre es posible orar. Solicita en tu iglesia una lista de oración semanal. Además, lleva un cuaderno especial a la iglesia y anota las peticiones de oración que otros comentan. Luego ora por las personas de tu iglesia y de otros lugares del mundo. Recuerda: La oración eficaz del justo puede mucho (Stg. 5:16).

12

Testificar a otros

y me seréis testigos en Jerusalén,
en toda Judea, en Samaria,
y hasta lo último de la tierra.
HECHOS 1:8

A lo largo del libro he compartido mi experiencia de conocer al Señor. Durante los primeros 28 años de mi vida no tuve una relación con Dios a través de su Hijo Jesucristo. Era egoísta, estaba perdida, y era ignorante en cuanto a mi papel como esposa, madre y ama de casa. ¡En mi corazón no había amor, ni gozo, ni paz, ni paciencia! Por el contrario, ¡padecía de úlcera sangrante, colitis crónica, y de un eczema arriba de las cejas! En términos generales era infeliz, y creo que Jim y mis dos hijas también.

Sin embargo, algo maravilloso ocurrió. En resumen, alguien me comunicó la verdad del evangelio de Jesucristo. En su gracia, Dios había preparado mi corazón, y yo recibí esa verdad, nací de nuevo, y la gracia y el poder transformador de Dios empezaron a obrar en mi corazón. A partir de ese mismo instante, Dios me encaminó en el proceso de convertirme en una mujer conforme a su corazón. Esto también cambió mi matrimonio con Jim, pues empecé a transformarme en una esposa conforme al corazón de Dios.

¿Cómo se inició dicha transformación? Muy sencillo, alguien me dio testimonio de la verdad. En efecto, Dios se sirvió de varias personas para comunicarme su mensaje. Todas ellas, seguidoras de las palabras de Jesús, desde sus apóstoles y seguidores, a quienes Jesús dijo: "y me seréis testigos en Jerusalén, en toda Judea, en Samaria, y hasta lo último de la tierra" (Hch. 1:8). Y sus palabras permanecen hasta hoy para nosotros. ¡Solo los lugares han cambiado!

Si eres cristiana, estoy segura de que puedes hacer una larga lista de personas que Dios usó como testigos para comunicarte su verdad. De la misma manera, tú desearás seguir la cadena de testigos que Dios podría usar para llevar a otros al Salvador. A medida que avanzamos en el tema de este capítulo, recuerda que vamos en una progresión desde Jerusalén (las personas en tu hogar), pasando por Judea y Samaria (tus vecinos y tu familia), ¡y hasta lo último de la tierra (el mundo)!

Testificar a tu esposo

La persona más cercana a una esposa es su propio esposo. Muchas mujeres cristianas están casadas con un inconverso. ¿Qué consejo les ofrece Dios a estas esposas?

Un testimonio de amor comunica un mensaje mucho más persuasivo y amable que cualquier prédica.

Si ese es tu caso, estas palabras contienen la sabiduría pura de Dios: "Asimismo vosotras, mujeres, estad sujetas a vuestros maridos; para que también los que no creen a la palabra, sean ganados sin palabra por la conducta de sus esposas, considerando vuestra conducta casta y respetuosa" (1 P. 3:1–2). En este pasaje el apóstol Pedro les aconseja a todas las esposas casadas a "estar sujetas a sus esposos".

Asimismo, Pedro se dirige a las esposas cuyos esposos "no creen a la palabra". Se refiere a los esposos que no conocen a Cristo. ¿Cómo puedes testificar a un esposo inconverso? Dios lo explica con claridad: Debes dar testimonio de tu cristianismo "sin palabra", solo "por la conducta". Esto no significa que jamás puedas hablar. Lo que no debes hacer es predicar, sermonear, acosar, atormentar, o irritar a tu esposo. Más bien, Dios quiere que tu vida comunique un mensaje divino contundente a su corazón. Es Dios quien decide (¡y el único que puede!) transmitirle el mensaje a través de tu conducta sumisa y respetuosa. ¡Un testimonio de amor comunica un mensaje mucho más persuasivo y amable que cualquier prédica!

Quisiera añadir un comentario personal. En los primeros días de mi matrimonio con Jim, éramos un "yugo desigual", solo que en nuestro caso Jim era el creyente y yo era inconversa. Me resulta fácil imaginar la cuerda floja sobre la cual camina una mujer en yugo desigual, porque Jim tuvo que soportar todo tipo de hostilidades, desaires, y desdén por causa de su fe en Jesucristo. Yo era un ejemplo vivo de esta verdad bíblica: "Pero el hombre natural no percibe las cosas que son del Espíritu de Dios, porque para él son locura, y no las puede entender, porque se han de discernir espiritualmente" (1 Co. 2:14). A pesar de todo, Jim se mostró muy paciente, amable, perdonador y amoroso. ¡Es difícil resistirse a semejante conducta que imita a Cristo! Jim fue un eslabón importante dentro de la cadena que Dios fraguó para traerme hasta Él. ¡Mi oración es que tú seas ese eslabón en la vida de tu esposo!

Además de una conducta piadosa, tú puedes (¡y debes!) orar. "La oración eficaz del justo [de la esposa justa] puede mucho" (Stg. 5:16). ¿Quién sabe de qué manera tu conducta piadosa y tu oración constante pueden, por la gracia de Dios, tocar el corazón de tu esposo?

Testificar a tus hijos

A tu amado esposo le siguen tus preciosos hijos, si los tienes. La tarea que Dios te ha encomendado es testificarles del mensaje salvador de Jesucristo. Estos regalos del cielo que son tus hijos, Dios te los ha confiado como mujer y esposa conforme a su corazón, para que les enseñes, instruyas, y prepares para Él y para sus propósitos. Dicha misión no es opcional. De ninguna manera. Es un mandato de Dios, como puedes ver en los siguientes pasajes:

Y estas palabras que yo te mando hoy, estarán sobre tu corazón; y las repetirás a tus hijos (Dt. 6:6–7).

Instruye al niño en su camino (Pr. 22:6).

criadlos en disciplina y amonestación del Señor (Ef. 6:4).

Querida madre y amiga, con todas nuestras fuerzas debemos obedecer a diario este mandato, y cumplir con nuestra parte en la tarea de guiar a nuestros pequeños (¡y grandes!) al conocimiento de Dios y de su Hijo Jesucristo. El alma de una persona no tiene precio, en especial la de los más cercanos y más amados, ¡nuestros hijos! Como madre, descubrí que necesitaba renovar a diario mi compromiso con Dios como un recordatorio personal de la importancia de testificar a mis hijas, en cualquier edad. Si no lo tenía presente, me inclinaba a descuidar este deber, a despreocuparme, a ser mediocre, y a perder de vista mi misión como madre cristiana. Si deseas ser una madre cristiana dedicada, no solo debes velar por la disciplina y enseñanza de tus hijos, sino también…

…leerles la Biblia con regularidad,

…estudiar con ellos la vida de los grandes héroes de la fe,

…hacer devociones diarios con ellos,

…ayudarles a atesorar la Palabra de Dios en sus corazones,

...llevarlos a la iglesia, a la escuela dominical y a las actividades eclesiales,

...hablarles todo el tiempo del Señor,

...relacionar los acontecimientos de sus vidas con la verdad bíblica,

...orar por ellos y con ellos antes de ir a dormir,

...enseñarles acerca de Jesús, y

...comunicar con libertad y persistencia el plan de salvación de Dios.

Además, es evidente que como madre consagrada, debes orar por ellos. ¿Recuerdas Santiago 5:16? Dice: "La oración eficaz del justo [de la madre justa] puede mucho". ¿Quién sabe lo que obrarán en el corazón de tus hijos tu enseñanza consagrada y tus oraciones, en cualquier edad?

Testificar a tus vecinos

Ahora seguimos con tus vecinos. Tal vez no sean tan cercanos a ti como tus familiares, pero vives cerca de ellos día tras día. Eso significa que probablemente los ves con más frecuencia que a tu propia familia extendida. Al respecto, un sabio proverbio nos recuerda lo siguiente: "Mejor es el vecino cerca que el hermano lejos" (Pr. 27:10). En otras palabras, cuando enfrentas una emergencia o necesitas ayuda, puedes acudir primero a tus vecinos, ¡pero no a tus parientes!

Jesús nos dejó una enseñanza acerca de los vecinos. Con base en la ley de Moisés consignada en el Antiguo Testamento, esta es su enseñanza para ti como mujer conforme al corazón de Dios: "Amarás al Señor tu Dios con todo tu corazón, y con toda tu alma, y con toda tu mente", y "a tu prójimo como a ti [misma]" (Mt. 22:37, 39).

Por lo tanto, si eres una mujer sabia que desea testificar a sus vecinos, debes tener ante todo un corazón lleno de amor por ellos. Yo he aprendido una y otra vez que la oración es un medio extraordinario para cultivar dicho corazón y ese tipo de amor. Es así como Jim y yo nos acercamos a nuestros vecinos. Señalamos un día a la semana para orar por ellos. Anotamos el nombre de cada familia en una página aparte, junto con los nombres de sus hijos. Luego, cada vez que estábamos en el patio o que nos disponíamos a entrar o salir del auto, siempre tomábamos un minuto (¡olvidando nuestras ocupaciones o nuestro afán!) para saludar a nuestros vecinos por su nombre, ser cordiales, y conocerlos mejor. Luego anotábamos en el cuaderno los nuevos detalles que aprendíamos de sus vidas. Fue sorprendente ver que a medida que orábamos por ellos, empezaron a ocupar un lugar especial en nuestro corazón... ¡y en nuestra vida! La oración nos unió. Asimismo, ¡convirtió a los extraños en seres queridos!

Un corazón lleno del amor de Dios allanará el camino para testificar a otros.

Ora y pídele a Dios sabiduría para idear formas de ayudar a tus vecinos, invitarlos a tu casa o a cenar. En la medida en que demuestres tu cristianismo con un testimonio visible, puedes estar segura de que tarde o temprano podrán abordar el tema espiritual. Si tus vecinos notan que cada semana sales para la iglesia, ¡seguro el interés surgirá! Y recuerda que no importa si ellos comprenden o no tu fe. Solo muéstrate amigable. Mantén abierta la puerta de tu casa, y de tu corazón. Persevera en servir, amar, ayudar y ofrecer tu amistad. Asimismo, procura invitarlos a la iglesia, a un concierto de música cristiana, a un día de campo de la iglesia, al estudio bíblico para mujeres, o a un grupo cristiano que practica ejercicios o manualidades. Pregúntales si les gustaría que sus hijos asistieran al ministerio infantil.

Las amistades se construyen de esta forma, ¡y de muchas más! Luego, como bien lo sabes, con un amigo puedes hablar acerca de cualquier tema... ¡incluso de Jesucristo!

Testificar a tu familia

Dar testimonio del mensaje del evangelio de Jesucristo a los miembros de la familia extendida puede ser un asunto delicado. No obstante, las buenas noticias son que Dios puede ayudarte a manejar cualquier asunto con gracia y de un modo que sea digno de Cristo. Un corazón lleno del amor de Dios allanará el camino para testificar a la familia, ¡a tus parientes y también a los de tu esposo! (Te pido que revises el capítulo 8, titulado "Amar a la familia"). Es muy probable que ya hayas empezado a cultivar el amor por los familiares que Dios te ha dado, así como una actitud de aceptación y de responsabilidad hacia ellos.

Sin embargo, nuestra meta con la familia siempre debe ser, como lo declara el versículo lema del capítulo 8: "Si es posible, en cuanto dependa de vosotros, estad en paz con todos los hombres" (Ro. 12:18). Como eres cristiana, Cristo vive en ti para ayudarte a cumplir con la parte que te corresponde (Col. 1:27). El fruto del Espíritu obra en ti por medio de su amor, su gozo, su paz, su paciencia, y su dominio propio para asistirte (Gá. 5:22–23). Por consiguiente, en cuanto depende de ti, puedes mantener buenas relaciones, amar, ayudar, servir y entender a tus parientes. Lo que resta preguntarse es lo más difícil: ¿Tú quieres hacerlo?

Admito que algunos familiares son un verdadero reto. Quizá incluso no quieren saber de ti. Si ese es el caso (¡o cualquier otro!), ¡tú puedes orar! Dios es un experto en suavizar los corazones endurecidos al tiempo que tú oras con sinceridad por su bienestar. Mi lema para la oración también se cumple respecto los parientes difíciles de tratar: Es imposible odiar y olvidar a una persona por quien se ora. ¡Inténtalo! Descubrirás por ti misma que es cierto. La oración no solo transforma a tus familiares ¡sino que te transforma a ti!

Piensa en los parientes que Dios te ha dado. Escribe en tu cuaderno de oración una lista de nombres. Luego anota las fechas de cumpleaños, y envía cualquier detalle cada año. Anota las direcciones electrónicas y envía cualquier noticia o comentario reciente. Testifica, permanece en contacto, busca sanar relaciones rotas y embellecer las que ya conservas. Los miembros de tu familia pueden convertirse en tus mejores amigos, y repito que con un amigo puedes hablar de cualquier tema... ¡incluso de Jesucristo!

Testificar al mundo

Ya hemos mencionado el conjunto de personas que integran tu vida diaria: Tu esposo, tus hijos, tu familia, y tus vecinos. (¡El espacio no nos alcanza para hablar de las fabulosas personas con quienes trabajas!). ¿Quién falta? Bueno, ¡falta el resto del mundo! Pero, ¡anímate! Tú puedes participar en la misión de alcanzar al mundo con la verdad de Cristo y con su amor por la humanidad, y puedes empezar en tu propia iglesia.

Antes comenté que mi amado Jim sirvió durante 25 años como pastor y maestro de la Biblia. De hecho, Jim fue pastor de evangelización en nuestra antigua iglesia. Eso significa que servimos durante muchos años en el ministerio evangelístico de nuestra iglesia. ¿Qué clase de obra realizamos? Ambos colaboramos en el aposento de oración acogiendo a las personas que buscaban ayuda, orientación, y una relación con Dios. También consagramos parte de nuestro tiempo para informar a los visitantes que se acercaban a la recepción de la iglesia, y para orientarlos hacia los salones... ¡y hacia Dios! Y muchas otras actividades. Jim y yo participamos en el ministerio de visitación. También fuimos a las prisiones, colaboramos en las misiones para los desamparados, y en asilos y hogares de paso. Además, "dirigimos" la línea de atención de urgencias de la iglesia, y participamos en ministerios universitarios y callejeros. Fuimos juntos a viajes misioneros de corta duración, e incluso servimos como misioneros en Singapur.

Testifica... ¡con cuidado!

Las oportunidades que acabo de mencionar para testificar a otros también se presentan en tu iglesia. Sin embargo ¡ten cuidado! Como esposa conforme al corazón de Dios, debes tener siempre en mente los "principios para el ministerio de una esposa", que estudiamos en el capítulo anterior. Estos son:

#1. Sirve primero a los tuyos.

#2. Sirve con la bendición y el respaldo de tu esposo.

#3. Sirve de todas las formas posibles.

Si tu esposo no desea participar, si no quiere que participes tanto, o si se opone a tus planes, debes proceder con calma, cuidado y mucha sabiduría. En lo concerniente a tu ministerio espiritual y a la obra de testificar a otros por medio de tu iglesia, es conveniente servir con la bendición y el respaldo de tu esposo (#2). También debes recordar que tu hogar no es la iglesia. Tu hogar es una casa donde vive un esposo a quien debes servir (#1), amar, cuidar, consentir, mimar, y testificar si no es cristiano.

Claro que lo ideal sería que pudieras servir en un ministerio evangelístico junto con tu esposo. Sin embargo, lo cierto es que pocas mujeres gozan de este privilegio. Si ese es tu caso, y si quieres agradar a tu esposo (1 Co. 7:34), entonces créeme que aún quedan posibilidades incontables para que tú testifiques a otros. Así que, en vez de amargarte, confía en Dios y dale gracias porque Él controla todas las circunstancias de tu matrimonio. Luego ora, y disponte a buscar todas las formas posibles en que puedes testificar desde tu casa (#3)... al tiempo que respetas la voluntad de tu esposo. Si lo haces, Dios te bendecirá y premiará, ¡porque una esposa conforme al corazón de Dios respeta y honra a su esposo! (Ef. 5:22, 33).

Habla el corazón

Hasta aquí, querida amiga y esposa consagrada a tu amado esposo, hemos recorrido juntas el camino de este libro acerca de la esposa conforme a la voluntad de Dios. Y ahora ¡soy yo quien desea testificarte! Acabo de advertir que ignoro los detalles de tu relación con Dios. He escrito sobre la base de varios supuestos acerca de tu vida por el simple hecho de que optaste por leer este libro cuyo título resulta tan esperanzador y eminente. He dado por sentado que quizá...

...escogiste el libro porque buscabas ayuda para tu relación matrimonial, o algunas ideas para mejorarla. Si es así ¡te felicito! Mi anhelo y mi oración son que las verdades bíblicas aquí expuestas, junto con mis reflexiones y los "detalles que transforman" ¡en realidad hayan operado una gran transformación!

...una amiga te invitó a un estudio bíblico para mujeres, y este es el libro que ellas eligieron. Entonces ¡felicitaciones! Por participar en el estudio, ¡y por leer el libro hasta el final!

...tu clase de escuela dominical para parejas usa este libro (junto con el que escribió mi esposo para hombres y titulado "Un esposo conforme al corazón de Dios"[1]), y tú y tu esposo se unieron al grupo. ¡Pues déjame decirte que eres afortunada! ¡Qué bendición es aprender juntos todos estos aspectos del matrimonio! ¡Cuánto oro porque tu matrimonio prospere!

Es indiscutible que este es un libro práctico. Sin embargo, estoy segura de que también aprendiste mucho acerca del tema principal del libro, de cómo ser una mujer y una esposa conforme al corazón de Dios. Como puedes ver, también es un libro espiritual. Para finalizar nuestro recorrido y antes de separarnos, quisiera comunicarte la verdad. Es probable que tu vida corresponda a alguna de las siguientes categorías de mujer y de esposa:

—Eres una mujer conforme al corazón de Dios y has aceptado el señorío de Cristo en tu vida. Si es así, espero que la lectura de las verdades expuestas en este libro te hayan impulsado a crecer en tu fe cristiana, que hayan hecho mella en tu obediencia a las normas divinas, y afirmado tu compromiso a ser una esposa conforme a la voluntad de Dios. A ti te digo ¡adelante! ¡Sigue en obediencia al plan de Dios para ti como esposa! Y por todos los medios ¡sigue creciendo en el Señor!

—Deseas ser una mujer conforme al corazón de Dios, pero no estás segura de tener una relación con Dios a través de Jesucristo. Te agrada lo que has leído, y deseas seguir al Señor con todo tu corazón, pero dudas si eres hija de Dios. A ti te digo: ¡Ven a la cruz! A ti dedico estas frases que resumen las verdades de la muerte de Jesucristo. Constituye una declaración de quién es Jesucristo y por qué su muerte en la cruz consumó el plan de Dios. Asimismo, presento un modelo de oración que puede ayudarte a expresar con exactitud lo que hay en tu interior, a fin de recibir por la fe a Jesucristo en tu corazón y en tu vida.

Cristo, Dios encarnado, entregó su vida (Fil. 2:8),

Como rescate, el pago, por nuestro pecado (Mt. 20:28),

Ofrendó su vida en sacrificio sin mancha (He. 10:14),

Sufrió hasta la muerte (He. 12:2),

Para darnos salvación del pecado y la muerte (Col. 2:13–14).[2]

Una oración del fondo de mi corazón

Jesús, quiero recibirte como mi Salvador personal. Te pido que vengas a mi vida y me ayudes a obedecerte de aquí en adelante. Reconozco que soy pecadora, pero quiero arrepentirme de mis pecados, abandonarlos y seguirte. Creo que tú moriste en la cruz por mis pecados y que resucitaste venciendo el poder del pecado y de la muerte. ¡Te doy gracias de todo corazón por lo que hiciste por mí! Amén.

Ahora, mi querida amiga, quiero dejarte un interrogante. ¿Aceptaste a Cristo, quien murió en la cruz, como tu Salvador? Si no es así, seguiré orando por ti para que lo hagas. Llegar a ser hija de Dios es lo que en realidad transforma por completo tu vida... ¡incluso tu matrimonio! Si ya eres hija de Dios, ¡anda y testifica a otros del mensaje de la cruz en tu recorrido por la vida como mujer y esposa conforme al corazón de Dios!

Detalles que transforman

1. Invita a tus amigos y vecinos a un estudio bíblico.

¿No sabes cómo testificar a otras personas? ¿Te incomoda hablar con otros acerca de tu fe? Cuando se trata de tus vecinos o amigos, siempre resulta sencillo presentarles la vida cristiana con una invitación a un estudio bíblico. El estudio para mujeres o parejas al cual asistes es una ocasión perfecta para invitar a tus vecinas o a parejas del vecindario. ¡Tan solo contáctalas e invítalas! Cada vez que empieza un nuevo estudio, toma volantes adicionales para repartir entre tus colegas, vecinos, amigos, y otras mamás en el colegio de tus hijos, junto con una pequeña nota personal de invitación. Tu cordialidad, y tu entusiasmo frente al estudio bíblico podría animar a otros a venir y ver por sí mismos. Luego... ¡quién sabe lo que pueda pasar!

2. Participa en actividades con tus amigos y vecinos.

Si se trata de testificar a otros, es conveniente que acostumbres aceptar las invitaciones de los vecinos (con la aprobación de tu esposo ¡por supuesto!). Procura integrarte a reuniones de venta de todo tipo de productos para amas de casa, donde personas inconversas como tus vecinas, colegas o conocidas del colegio son anfitrionas. Si estas personas maravillosas te invitan a una parrillada ¡no lo dudes! Si el hijo de alguna de ellas celebra su cumpleaños, mueve cielo y tierra para estar ahí. Si se trata del matrimonio de una hija, haz todo lo que esté a tu alcance para asistir a la boda. Si el esposo de tu vecina va a jugar un partido decisivo, ponte una sudadera y asiste con tu esposo. Trata de acompañar a tus vecinos y colegas en sus diversas actividades especiales tanto como sea posible. Ellos necesitan saber si en realidad te interesas por sus vidas. No te encierres en tu iglesia hasta el grado de parecer fría y distante, como una persona a quien no le importan las vidas (y las almas) de sus amigos y vecinos.

3. Abre las puertas de tu casa.

¡Nunca subestimes el poder de un hogar cristiano! Como creyente, tú eres "la luz del mundo". Por consiguiente, tu hogar es como "una ciudad asentada sobre un monte" (Mt. 5:14). Está lleno de luz, y brilla con la gloria de Dios que opera en ti y en tu hogar. Abre de par en par las puertas de tu esplendorosa casa. Sigue el ejemplo de la mujer de Proverbios 9, quien llamó a los que necesitaban conocer la verdad diciéndoles: "Venid, comed mi pan" (vv. 4–5). Si una vecina está atravesando una dificultad, invítala a tomar un café. Si se muda una nueva familia, invítalos a una cena informal. Contempla la posibilidad de abrir tu casa una vez al año para tu esposo y sus colegas de trabajo. Invita a tu casa a las mamás del colegio de tus hijos para comer un pastel de café y charlar. La hospitalidad es un don maravilloso que puedes ofrecer a otros, y una manera grandiosa de hacer amigos. Y con un amigo puedes hablar de cualquier tema... incluso de Jesucristo.

4. Regala un libro o un folleto bíblico.

Tal vez te sientas insegura o incómoda al tratar de testificar a otros. De todos modos, siempre podrás hacerlo con la ayuda de un libro o de un folleto. Entregas el regalo, y luego aguardas para ver cómo Dios lo usa para tocar la vida del otro. Si hay un libro en especial que te ha ayudado mucho para mejorar tu matrimonio, ¡compártelo! Préstale el libro a otras madres. ¿Qué te parece el tema del cuidado del hogar? Tal vez un libro escrito por un ama de casa cristiana te enseñó mucho sobre métodos y fórmulas rápidas para cuidar tu casa. Entonces ¡compártelo! Préstaselo a amas de casa que enfrentan luchas en su labor. Cultiva un corazón generoso y atento. Cuéntale a otras mujeres acerca de lo que te ha ayudado en tu vida personal. Y luego, ¡regálales un libro o folleto a quienes tanto necesitan la ayuda de la Biblia y del Salvador!

5. Ora por tus amigos y conocidos que son inconversos.

La mejor manera de "amar al prójimo" es orar. También es la mejor forma de cultivar un corazón compasivo hacia los amigos y vecinos inconversos. Tu oración constante por su necesidad de conocer a Dios, hace que tu corazón se comprometa. El grado de interés por otros aumenta a medida que inviertes tu tiempo y tu energía espiritual para orar por ellos. Conserva una lista de oración. Cuéntales a otros que estás orando por ellos. Actualiza con regularidad la información detallada de sus vidas.

Notas

Capítulo 1: Crecer en el Señor

1. Neil S. Wilson, ed., *The Handbook of Life Application* [Manual de lecciones prácticas] (Wheaton, IL: Tyndale House Publishers, 1992), pp. 270–71.
2. Mark Porter, *The Time of Your Life* [Su mejor momento] (Wheaton, IL: Victor Books, 1983), p. 114.

Capítulo 2: Trabajar en equipo

1. Charles F. Pfeiffer y Everett F. Harrison, eds., *The Wycliffe Bible Commentary* [Comentario bíblico Moody] (Grand Rapids: Editorial Portavoz, 1993), p. 5.
2. Efesios 5:22; Colosenses 3:18; y 1 Pedro 3:1.
3. Para estudiar a fondo este y otros problemas matrimoniales, ver Elyse Fitzpatrick y Carol Cornish, gen. eds., *Women Helping Women* [Mujeres que ayudan a mujeres] (Eugene, OR: Harvest House Publishers, 1997).
4. John MacArthur, *The MacArthur Study Bible* [Biblia de estudio MacArthur] (Grand Rapids: Editorial Portavoz, 2004), p. 1738 en inglés.
5. Pfeiffer y Harrison, eds., *Wycliffe Bible Commentary* [Comentario bíblico Moody], p. 5.

Capítulo 3: Aprender a comunicarse

1. The Living Bible [La Biblia al día].
2. Sid Buzzell, gen. ed., *The Leadership Bible* [La Biblia del líder] (Grand Rapids, MI: Zondervan Publishing House, 1998), p. 742.
3. Ellen Fein y Sherrie Schneider, *The Rules for Marriage* [Las normas para el matrimonio] (Nueva York: Warner Books, Inc., 2001), pp. 83–85.

Capítulo 4: Deleitarse en la intimidad

1. The Living Bible [La Biblia al día].
2. MacArthur, *MacArthur Study Bible* [Biblia de estudio MacArthur], p. 19 en inglés.
3. Pfeiffer y Harrison, eds., *Wycliffe Bible Commentary* [Comentario bíblico Moody], p. 6.
4. MacArthur, *MacArthur Study Bible* [Biblia de estudio MacArthur], p. 1944 en inglés.
5. Willard Harley en Alice Gray, *Lists to Live By,* The First Collection [Guías para vivir], primera colección (Sisters, OR: Multnomah Publishers, 1999), p. 122.
6. Claudia y David Arp en Alice Gray, *Lists to Live By* [Guías para vivir], p. 137.

Capítulo 5: Administrar tu dinero

1. 1 Corintios 16:1–2; 2 Corintios 9:5–7.
2. Alice Gray, *Lists to Live By for Every Married Couple* [Guías para vivir en el matrimonio] (Sisters, OR: Multnomah Publishers, 2001), pp. 30–31.

Capítulo 6: Cuidar el hogar

1. Carol Meyers, Toni Craven, y Ross S. Kraemer, *Women in Scripture* [Mujeres en las Escrituras] (Grand Rapids, MI: William B. Eerdmans Publishing Company, 2001), p. 306. Las otras cuatro referencias corresponden a Génesis 24:28; Rut 1:8; Cantar de los Cantares 3:4; 8:2.
2. Robert Jamieson, A.R. Fausset, y David Brown, *Commentary on the Whole Bible* [Comentario bíblico] (Grand Rapids, MI: Zondervan Publishing House, 1973), p. 466.
3. Curtis Vaughan, *The Old Testament Books of Poetry from 26 Translations* [26 traducciones de los libros poéticos del Antiguo Testamento], cita de versiones de Ronald Knox y Kenneth Taylor (Grand Rapids, MI: Zondervan Bible Publishers, 1973), p. 632.
4. Jamieson, Fausset, y Brown, *Commentary on the Whole Bible* [Comentario bíblico], p. 1387.
5. *Ibíd.*
6. Vaughan, *Old Testament Books of Poetry* [Los libros poéticos del Antiguo Testamento), cita de una versión de James Moffatt, p. 530.
7. Pfeiffer y Harrison, eds., *Wycliffe Bible Commentary* [Comentario bíblico Moody], p. 1394.
8. "Where Shall I Work Today" [¿Dónde debo trabajar hoy?] citado

en V. Raymond Edman, *Disciplines of Life* [Disciplinas para vivir] (Minneapolis: World Wide Publications, 1948), p. 209.

9. Frank S. Mead, *12,000 Religious Quotations* [Doce mil citas religiosas], cita de James Hamilton (Grand Rapids, MI: Baker Book House, 2000), p. 230.
10. Recursos adicionales para crear un plan maestro para el hogar en: www.flylady.net

Capítulo 7: Criar a los hijos

1. Mead, *12,000 Religious Quotations* [Doce mil citas religiosas], cita de Samuel Taylor Coleridge, p. 338.

Capítulo 8: Amar a la familia

1. Citado en Edith L.Doan, *The Speaker's Sourcebook* [Libro de consulta del orador], (Grand Rapids, MI: Zondervan Publishing House, 1977), p. 169. El autor del poema es anónimo.

Capítulo 9: Trabajar en tu profesión

1. Autor anónimo, citado en Edith L. Doan, *The Speaker's Sourcebook* [Libro de consulta del orador], p. 282.
2. Mead, *12,000 Religious Quotations* [Doce mil citas religiosas], cita de Helen Hunt Jackson, p. 230.
3. George, *Beautiful in God's Eyes* [Hermosa para Dios].
4. Roy B. Zuck cita a F.B. Meyer en *The Speaking Quote Book* [El libro de citas] (Grand Rapids, MI: Kregel Publications, 1997), p. 409.

Capítulo 10: Divertirse juntos

1. Elizabeth George, *Ama a Dios con toda tu mente*, (Grand Rapids: Editorial Portavoz, 1996).
2. Ver: www.coloradohealthnet.org/depression, 3/11/99.
3. *Ibíd.*
4. Derek Kidner, *The Proverbs* [Proverbios] (Downers Grove, IL: InterVarsity Press, 1973), p. 114.

Capítulo 11: Servir al Señor

1. Horatius Bonar.
2. Mead, *12,000 Religious Quotations* [Doce mil citas religiosas], cita de Ian MacLaren, p. 404.
3. Génesis 18:13–14,22; 19:1.
4. Mead, *12,000 Religious Quotations* [Doce mil citas religiosas], cita de Frederick Willaim Robertson, p. 404.
5. Author anónimo, citado en Edith L. Doan, *The Speaker's Sourcebook* [El libro de consulta del orador], p. 223.

6. Charles Caldwell Ryrie, *Balancing the Christian Life* [El equilibrio en la vida cristiana] (Chicago: Moody Press, 1969), pp. 96–97.

Capítulo 12: Testificar a otros

1. Jim George, *Un esposo conforme al corazón de Dios* (Grand Rapids, MI: Editorial Portavoz, 2004).
2. Elizabeth George en Rob Holt, *What the Cross Means to Me* [Lo que significa la cruz para mí] (Eugene, OR: Harvest House Publishers, 2002), p. 27.

EDITORIAL PORTAVOZ

NUESTRA VISIÓN

Maximizar el efecto de recursos cristianos de calidad que transforman vidas.

NUESTRA MISIÓN

Desarrollar y distribuir productos de calidad —con integridad y excelencia—, desde una perspectiva bíblica y confiable, que animen a las personas a conocer y servir a Jesucristo.

NUESTROS VALORES

Nuestros valores se encuentran fundamentados en la Biblia, fuente de toda verdad para hoy y para siempre. Nosotros ponemos en práctica estas verdades bíblicas como fundamento para las decisiones, normas y productos de nuestra compañía.

Valoramos la excelencia y la calidad
Valoramos la integridad y la confianza
Valoramos el mérito y la dignidad de los individuos y las relaciones
Valoramos el servicio
Valoramos la administración de los recursos

Para más información acerca de nuestra editorial y los productos que publicamos visite nuestra página en la red: www.portavoz.com